Dr. med. Thomas Ellrott
unter Mitarbeit von Anke Borchardt
und Birgit Ellrott

DIE GUTE LAUNE DIÄT

Das 4-Wochen-Schlank-Programm
Einfache Rezepte
Jeden Tag etwas Süßes

UMSCHAU

Inhalt

Einführung

Willkommen zur Gute-Laune-Diät!

Schon wieder eine neue Diät? Was ist an der Gute-Laune-Diät anders als bei den unzähligen Diäten, die allesamt zum Jo-Jo-Effekt führen?

Das sind sehr berechtigte Fragen. Als die Gute-Laune-Diät entwickelt wurde gab es folgende Anforderungen an das Konzept: 8 Wochen Gesamtdauer, kein Verzicht auf Süßes und Genusslebensmittel, muss mit geringem (auch geringem finanziellen) Aufwand machbar sein, Rezepte sollen schnell und einfach zuzubereiten sein, das Gewichthalten nach erfolgreicher Abnahme soll einen hohen Stellenwert haben und schließlich soll das Konzept nach besten wissenschaftlichen Kriterien überprüft werden, noch bevor es in die Öffentlichkeit geht.

Gewichtabnehmen und Gewichthalten gehen mit sehr unterschiedlichen Anforderungen einher. Während zum Abnehmen z.B. Diätpläne ein wirksames Mittel sind, so sind diese zum Gewichthalten für 99 % der Menschen völlig untauglich. Kaum jemand wird sein ganzes Leben lang tagtäglich nach mehr oder weniger starren Plänen essen. Um dieses Problem zu lösen und dennoch nicht auf Diätpläne zu verzichten, wurde die Gute-Laune-Diät in zwei Phasen aufgeteilt: 4 Wochen essen nach Plänen und 4 Wochen Training des Gewichthaltens komplett ohne Pläne.

Dass diese zwei Phasen gut zueinander passen, hat eine große Studie in Göttingen gezeigt. In den ersten 4 Wochen (Essen nach Plänen) nahmen die Teilnehmer durchschnittlich 4,4 kg ab, in den zweiten 4 Wochen (Training des Gewichthaltens) noch einmal 0,8 kg. 4 Wochen Training des Gewichthaltens führten bei 92 % der Studienteilnehmer zum erfolgreichen Halten des Gewichts weit über das Ende der 8 Wochen hinaus. 6 Monate nach Ende der Diät lagen sie noch immer 5,2 kg unter ihrem Startgewicht. Durch den Erfolg auf der Waage, den geringen Aufwand und weil jeden Tag Genusslebensmittel eingeplant waren, verbesserten sich auch Wohlbefinden und Stimmung bei den Studienteilnehmern. Das ist der Grund, warum die Gute-Laune-Diät diesen Namen trägt!

Die Gute-Laune-Diät ist ein wirksames Konzept für all diejenigen, die ohne Verzicht und Jo-Jo-Effekt ein paar Kilogramm abnehmen und sich wohler fühlen möchten.

Starten Sie jetzt mit der Gute-Laune-Diät. Prüfen Sie zunächst anhand der Vorratsliste, ob Sie bereits alles im Haus haben. Kaufen Sie alle Lebensmittel, die noch fehlen, und alle Lebensmittel auf der Einkaufsliste für Woche 1 frisch ein und schon kann es losgehen. Wenn Sie möchten, können Sie die Rezepte der einzelnen Tage auch gern gegeneinander austauschen. Suchen Sie sich einen passenden Starttag aus und los geht's.

In Woche 2–4 geht es genau so weiter: Mit der jeweiligen Einkaufsliste der Woche vor Wochenbeginn einkaufen gehen und dann eine Woche lang nach den Plänen kochen und essen ohne auf Süßes zu verzichten.

Der zweite Teil der Gute-Laune-Diät beginnt nach Woche 4 mit Hintergrundinformationen zum Thema Gewichthalten **(Gewichthalten – die Erfahrungen der Erfolgreichen nutzen)**. Basierend auf diesen Forschungsergebnissen trainieren Sie in Woche 5 bis 8 ausgiebig selbst, wie Sie Ihr Gewicht halten werden. Versuchen Sie bitte nicht, alle Wochenthemen von Woche 5 bis 8 gleichzeitig umzusetzen, sondern gehen Sie Schritt für Schritt, das heißt Woche für Woche, vor. So überfordern Sie sich nicht und werden den besten Erfolg haben.

Viel Spaß beim Einkaufen, Kochen, Essen, Abnehmen und Gewichthalten à la Gute-Laune-Diät und viel Erfolg wünscht Ihnen
Ihr

Dr. med. Thomas Ellrott

Tipps für den ersten Einkauf

Bevor Sie mit Ihrer Vorrats- und Einkaufsliste (Woche 1) das erste Mal Einkaufen gehen, haben wir Ihnen einige generelle Tipps und Infos zu den Mengenangaben und Rezepten zusammengestellt.

Mengenangaben
1 Tasse = 125 ml
1 Becher = 250 ml
1 Glas = 250 ml

Abkürzungen/Erläuterungen
TK = Tiefkühlkost
TL = Teelöffel
EL = Esslöffel
1,5 % Fett = Fettgehalt pro 100 g (1,5 g Fett absolut)
30 % Fett i.Tr. = 30 % Fett in Trockenmasse

Einkaufen
Die Rezepte sind so erstellt, dass alle Lebensmittel in einem normalen Supermarkt ein zu kaufen sein sollten. Exotische Zutaten gibt es nicht.

Kräuter, Gemüse und Obst
Kräuter und Gemüse können Sie frisch oder als Tiefkühlware (TK) einkaufen. Oft verwendete Kräuter lassen sich auch hervorragend in einem Mini-Kräutergarten auf der Fensterbank ziehen.
Generell ist es möglich, andere Gemüse, Obst- und Kräutersorten als in den Rezepten vorgegeben individuell nach dem eigenen Geschmack auszuwählen. Z.B. können Sie Erdbeeren gegen Johannisbeeren oder ein anderes Beerenobst austauschen. Ein solcher Austausch ist gar erforderlich, wenn Sie die Gute-Laune-Diät zu einer Zeit starten, in der keine Saison für eine bestimmte im Rezept angegebene Obst- oder Gemüsesorte ist.

Getränke

Über den Tag verteilt sollten Sie mindestens 1 1/2 Liter kalorienfreie Getränke trinken. Zu den kalorienfreien Getränken zählen: Mineralwasser (am besten eine Calciumreiche Sorte), Mineralwasser mit Aroma (z.B. Zitrone), Schwarzer Tee, Grüner Tee, Rooibush (Rotbusch) Tee und Kaffee. Kaffee- und Teetrinker wählen zum Verfeinern am besten Milch mit 1,5 % Fett oder Kondensmilch mit 4 % Fett.

Käse

Verwenden Sie bitte Käsesorten mit einem Fettgehalt von max. 30 % Fett i.Tr., das entspricht einem absoluten Fettgehalt von ca. 15–18 g Fett in 100 g Käse. Solche Käse gibt es als Edamer, Gouda, Emmentaler, Camembert, Limburger, Romadur .... Fragen Sie doch am besten den/die Verkäufer/in an der Käsetheke Ihres Supermarktes nach diesen Käsesorten.

Brot

Befindet sich gerade kein Bäcker direkt um die Ecke, sollten Sie Brot und Brötchen vorrätig einkaufen und einfrieren. Bei Bedarf tauen Sie Brot oder Brötchen auf dem Toaster (kleine Mengen) oder im Backofen (größere Mengen) auf. Schneiden Sie dafür das Brot in Scheiben, um es besser portionieren zu können. Falls sich ein Bäcker in Ihrer Nähe befindet, können Sie Brot und Brötchen auch jeweils frisch einkaufen.

Salatdressing

Bitte verwenden Sie, wie in den Rezepten vorgegeben, Salatdressings ohne Öl und Sahne. Verschiedene Hersteller bieten auch Dressings zum Anrühren mit Wasser oder Fertigdressings ohne Öl in Flaschen an.

Ihre Vorratsliste für die Wochen 1 bis 4

Das sollten Sie vorrätig haben:
(wird auch in den Folgewochen benötigt)

Gewürze & Fette
Butter, Margarine
Cayennepfeffer
Currypulver
Essig nach Wahl
Gemüsebrühe, gekörnt
Ingwerpulver oder frisch
Jodsalz
Knoblauch, frisch
Korianderpulver
Kümmelkörner
Lorbeerblatt
Meerrettich, frisch oder Tube/Glas
Muskatnuss
Paprika edelsüß
Pfeffer
Rapsöl oder Sonnenblumenöl (am besten kleine Flasche)
Senf nach Wahl (süß, scharf oder mittelscharf)
Sojasauce, hell
Thymian, getrocknet
Vanillezucker
Zucker

Müsli & Beilagen
Cornflakes
Früchtemüsli ohne Nüsse
Kartoffeln
Nudeln nach Wahl, wie z. B. Spiralen oder Farfalle
Vollkorn-Knäckebrot

Verschiedenes

- *Honig nach Wahl*
- *Konfitüre nach Wahl*
- *Kürbiskerne oder Sonnenblumenkerne (kleine Tüte)*
- *Mehl*
- *Salat-Fertigdressing fettfrei, nach Geschmack (Tütchen oder Flasche)*
- *Sherry*
- *Speisestärke*
- *Tomatenketchup*
- *Tomatenmark*
- *Zitronensaft*
- *Zuckerrübensirup oder Apfelkraut oder Birnenkraut*
- *Kräuter, Zwiebeln*
- *Basilikum, frisch*
- *Dill, frisch oder TK (Tiefkühl)*
- *Kräutermischung TK, 1 Packung á 25 g*
- *Schalotten*
- *Schnittlauch, frisch oder TK*
- *Petersilie, frisch*
- *Zwiebeln*

Getränke

- *Apfelsaft oder Birnensaft 100 % Frucht*
- *Früchtetee, Kräutertee, Grüner Tee, Rooibush Tee (Rotbusch)*
- *Mineralwasser, Calciumreich*
- *Schwarzer Tee*
- *Kaffee*

Ihre Einkaufsliste für Woche 1

Das müssen Sie für die 1. Woche einkaufen:

Brot, Brötchen, Gebäck, Süßes (Reste einfrieren und bei Bedarf auftauen)
• *Baguettebrötchen, 1 Stück*
• *Vollkorn- oder Mehrkornbrötchen, 4 Stück*
• *Vollkorn- oder Mehrkornbrot, 1/2 Stück*
• *Früchte-Müsliriegel 1 Stück á 25 g, max. 3,5 % Fett, wie z. B. Cranberry*
• *Schaumzuckerwaffeln, 1 Stück á 30 g, fettfrei oder Schaumzuckerwaren wie z.B. Marshmallows, süßer Speck, weiße Mäuse*
• *Riegel Schokolade 2 Stück á 20 g, wie z.B. Schokoladen-Ei, Haselnussschnitte, Schokoriegel mit Milchfüllung*
• *Buchstabenkekse, 1 Tüte á 100 g*

Milch- und Milchprodukte, Käse
• *Milch (1,5 % Fett), 1 Liter*
• *Dickmilch (1,5 % Fett), 1 Becher á 500 g*
• *saure Sahne (10 % Fett), 1 Becher á 150 g*
• *Frischkäse (max. 17 % Fett absolut), 1 Packung á 200 g*
• *Kräuterquark (max. 40 % Fett i.Tr.), 1 Packung á 200 g*
• *Käse im Stück (30 % Fett i. Tr.), 100 g, z.B. Westlite, Gouda, Cantenaar*
• *Milchreis (3 – 3,5 % Fett), 1 Becher nach Wahl á 200 g*

Fleisch, Fisch, Eier
• *Kochschinken oder roher Schinken ohne Fettrand, 5 Scheiben á 30 g*
• *Kasselerbraten am Stück, 60 g*
• *Putenbrust frisch oder TK, 125 g*
• *Rinderfilet oder Schweinefilet, 100 g*
• *Hähnchen-Brustfilet frisch oder TK, 125 g*
• *Fischfilet frisch oder TK (Seelachs, Rotbarsch, Kabeljau), 150 g*
• *Hühnerei, 1 Stück*

Obst und Gemüse

- *Äpfel, 3 Stück*
- *Birne, 2 Stück*
- *Erdbeeren oder Beerenobst nach Wahl, frisch oder TK, 500 g*
- *Kiwi, 2 Stück*
- *Tomaten, 5 Stück*
- *Fenchelknolle, 1 große*
- *Kopfsalat, 1 Stück*
- *Möhre, 1 Stück*
- *Paprikaschote gelb, 1 Stück*
- *Paprikaschoten rot, 3 Stück*
- *Porree, 1 Stange*
- *Rettich, 1 Stück*
- *Radieschen, 1 Bund*
- *Salatgurke, 1 Stück*
- *Rosenkohl frisch oder TK, 150 g*
- *Zucchini, 1 Stück*
- *Erbsen TK, (500 g)*
- *Gemüsemischung TK, (250 g)*
- *Kichererbsen, 1 Dose (Abtropfgewicht ca. 265 g)*
- *Mais, 1 Dose (Abtropfgewicht ca. 285 g)*
- *geschälte Tomaten, 1 Dose (Abtropfgewicht ca. 480 g)*

Wocheneinkaufslisten zum heraustrennen auf den Seiten 121–124

1. TAG

Frühstück | Müsli mit Erdbeeren

Zutaten:

4 EL Früchtemüsli
1 Tasse Milch
150 g Erdbeeren oder anderes Obst

So wird's gemacht

1. *Früchtemüsli und Milch in eine Schale geben.*
2. *Erdbeeren waschen, halbieren und zum Früchtemüsli geben.*

Tipp

- Statt frischer Erdbeeren können Sie auch Tiefkühlerdbeeren verwenden. Aber auch anderes frisches oder TK-Obst wie z.B. Heidelbeeren oder Himbeeren schmecken sehr gut zum Früchtemüsli.
- Statt Milch können Sie auch die gleiche Menge Dickmilch oder Joghurt mit 0,1–1,5 % Fett zum Müsli essen.

Snack

- 1/2 Tüte Buchstabenkekse

Abendessen | Kräuterquark-Brot mit Salat

Zutaten:

1 Scheibe Vollkorn- oder Mehrkornbrot
2 EL Kräuterquark
1 Scheibe gekochten oder rohen Schinken
1 Kopfsalat
1 Tomate
1/2 Salatgurke
1 Tüte Fertig-Salatdressing oder 3–4 EL fettfreies Salatdressing aus der Flasche

So wird's gemacht

1. *Vollkornbrot mit Kräuterquark bestreichen. Gekochten Schinken in feine Streifen schneiden.*
2. *Salat waschen und abtropfen lassen. Ein großes Salatblatt beiseite legen. Salat mit Tomaten und Gurkenscheiben vermengen. Darüber Schinkenstreifen geben.*
3. *Tüte Salatdressing mit 3 EL Wasser (ohne Zugabe von Fett!) mischen und über den Salat träufeln.*

Tipp

- Restliche Salatblätter in einem Beutel oder Gefäß im Kühlschrank aufbewahren.

Snack

- 30 g Schaumzuckerwaren, z.B. Schaumzuckerwaffel

Bitte trinken Sie über den Tag verteilt mindestens 1 1/2 Liter kalorienfreie Getränke. (z. B. verschiedene Teesorten und Mineralwasser)

1. TAG

Mittagessen | Filet mit Fenchel

Zutaten:

100 g dünnes Stück Rinder oder Schweinefilet
1 TL Speiseöl
2 große Kartoffeln
1/2 TL Gemüsebrühe
1/2 Tasse Wasser
1 große Fenchelknolle
1 Schalotte
1 TL Butter
1 EL Sherry
1 EL saure Sahne
Cayennepfeffer
Jodsalz

So wird's gemacht

1. *Das Filet mit Öl, Jodsalz und Cayennepfeffer einreiben und mind. 15 Minuten marinieren.*
2. *In der Zwischenzeit Kartoffeln in Salzwasser garen. Fenchelknolle putzen, halbieren und in Gemüsebrühe 5–7 Minuten dünsten. Grün fein hacken und aufbewahren.*
3. *Filet in einer beschichteten Pfanne pro Seite 2–3 Minuten braten. In Alufolie wickeln und im Ofen warm halten.*
4. *Schalotte fein hacken und in zerlassener Butter in derselben Pfanne glasig dünsten. Sherry hinzugeben und den Bratenfond lösen. Saure Sahne hinzugeben, nach Bedarf etwas Wasser dazu, mit Salz und Pfeffer abschmecken.*
5. *Fenchel mit dem Filet auf einem Teller anrichten. Soße über den Fenchel geben, mit Fenchelgrün bestreuen.*

2. TAG

Frühstück | Schinkenbrot

Zutaten:
1 Scheibe Vollkorn- oder Mehrkornbrot
1 TL Senf
1 Scheibe gekochten oder rohen Schinken
1 großes Salatblatt
Jodsalz und Pfeffer nach Bedarf

1/2 Becher Kaffee
1 Tasse Milch
1–2 TL Zucker

So wird's gemacht

1. *Das Brot mit Senf bestreichen und mit Salatblatt und gekochten Schinken belegen. Nach Bedarf mit Jodsalz und Pfeffer würzen.*
2. *Aus Kaffee, Milch und Zucker einen Milchkaffee oder Cappucchino bereiten.*

Snack
- 1 Riegel Früchtemüsli
- 1 Glas Apfelsaft oder Birnensaft

Abendessen | Tomatenbrot

Zutaten:
1 Scheibe Vollkorn- oder Mehrkornbrot
1 EL saure Sahne
1 kleine Tomate
1 Schalotte
gehackte Kräuter nach Wahl
Jodsalz, Pfeffer

So wird's gemacht

1. *Vollkorn- oder Mehrkornbrot mit saurer Sahne bestreichen.*
2. *Schalotte in Ringe schneiden und das Brot mit Tomatenscheiben und Zwiebelringen belegen.*
3. *Gehackte Kräuter und Gewürze drüberstreuen.*

Snack

Zutaten:
350 g Erdbeeren
150 g Dickmilch (ca. 1/3 Becher)
1 Päckchen Vanillezucker

So wird's gemacht

Die Erdbeeren waschen, nach Bedarf halbieren und in eine Schüssel geben. Mit Vanillezucker bestreuen, darüber die Dickmilch geben.

2. TAG

Mittagessen | Hähnchenbrust auf Gemüse

Zutaten:

2 große Kartoffeln
250 g TK-Gemüsemischung
1/2 TL gekörnte Gemüsebrühe
1/2 Tasse Wasser
125 g Hähnchenbrustfilet
1 TL Speiseöl
Paprika edelsüß
Jodsalz, Cayennepfeffer

So wird's gemacht

1. *Das Brustfilet waschen und mit einem Küchentuch trocken tupfen. Speiseöl mit Paprikapulver, Cayennepfeffer und Jodsalz in einer Tasse verrühren, Hähnchenbrustfilet mit der Ölmarinade einpinseln. Bei 200 °C im Backofen ca. 10–15 Minuten braten.*
2. *In der Zwischenzeit Kartoffeln in wenig Wasser garen. Gemüsebrühe, Wasser und TK-Gemüse in einen Topf geben und ca. 5–10 Minuten bissfest dünsten. Gemüse mit Gemüsebrühe abschmecken.*
3. *Alle Zutaten auf einem Teller anrichten.*

+ 1,5 l Tee oder Wasser trinken

3.
TAG

Frühstück | Cornflakes mit Birne

Zutaten:
- 1 Birne
- 4 EL Cornflakes
- 2 TL Zucker
- 1/3 Becher Dickmilch
- 1 EL Sonnenblumen- oder Kürbiskerne

So wird's gemacht

Die Birne nach Bedarf schälen, in Stücke schneiden und zusammen mit Cornflakes, Sonnenblumen- oder Kürbiskernen und Dickmilch mischen.

Tipp

- Statt Cornflakes können Sie auch Getreideflocken oder gepufftes Getreide nehmen.

Snack ■ 1 Schokoriegel (20 g)

Abendessen | Schinkenbrot mit Radieschen

Zutaten:
- 1 Scheibe Vollkorn- oder Mehrkornbrot
- 1/2 TL Meerrettich
- 1 EL Frischkäse
- 1 Scheibe gekochten oder rohen Schinken
- 1/2 Bund Radieschen
- Pfeffer, Jodsalz
- Dill

So wird's gemacht

1. *Vollkorn- oder Mehrkornbrot mit Meerrettich und Frischkäse bestreichen. Mit gekochtem Schinken und Radieschenscheiben belegen.*
2. *Mit Pfeffer, etwas Jodsalz und Dill bestreuen.*

Snack

Zutaten:
- 2 EL Kräuterquark
- 1 rote Paprikaschote

So wird's gemacht

Paprikaschote in Streifen schneiden, im Kräuterquark dippen.

3. TAG

Mittagessen | Erbsensuppe

Zutaten: für 2 Portionen

500 g TK Erbsen
1 Zwiebel
400 ml Gemüsebrühe
100 ml Milch
1 TL Speisestärke
Pfeffer, Jodsalz
Zucker
Kräuter nach Wahl
1 Vollkorn- oder Mehrkornbrötchen
1 Kiwi

+ 1,5 l Tee oder Wasser trinken

So wird's gemacht

1. *Zwiebel in feine Würfel schneiden, mit TK-Erbsen in einen Topf mit 1–2 EL Wasser bei geschlossenem Deckel ca. 5 Minuten dünsten.*
2. *Gemüsebrühe dazugeben und alles mit dem Stabmixer pürieren. Kurz aufkochen lassen.*
3. *Milch und Speisestärke verrühren, zur Suppe geben und kurz köcheln lassen. Mit Jodsalz, Pfeffer und Zucker abschmecken. Nach Bedarf Wasser hinzugeben.*
4. *Kurz vor dem Servieren mit Kräuter nach Wahl bestreuen. Vollkorn- oder Mehrkornbrötchen dazu essen.*
5. *Als Dessert eine Kiwi essen.*
6. *Die zweite Portion Suppe im Kühlschrank für den nächsten Tag aufbewahren.*

4. TAG

Frühstück | Brot mit süßem Frischkäse

Zutaten:
1 Vollkorn- oder Mehrkornbrötchen
2 EL Frischkäse
1 TL Konfitüre nach Wahl
1 TL Honig, Zuckerrübensirup, Apfel- oder Birnenkraut

So wird's gemacht
Beide Brötchenhälften mit Frischkäse und je mit einem süßem Brotaufstrich nach Wahl bestreichen.

Snack

Zutaten:
2 Scheiben Knäckebrot
1 TL Butter
1–2 EL Honig

So wird's gemacht
Knäckebrot mit Butter und Honig bestreichen.

Abendessen | Erbsensuppe

Zutaten:
2. Portion Erbsensuppe vom Vortag
1 Vollkorn- oder Mehrkornbrötchen

So wird's gemacht
Suppe aufwärmen und Vollkorn- oder Mehrkornbrötchen dazu essen.

Snack

Zutaten:
1/2 Rettich
Jodsalz, Pfeffer

So wird's gemacht
Rettich in dicke Scheiben schneiden und mit etwas Jodsalz und nach Geschmack mit Pfeffer würzen.

+ 1,5 l Tee oder Wasser trinken

4. TAG

Mittagessen | **Putencurry**

Zutaten:

125 g Putenbrust
1 TL Speiseöl
1 rote Paprikaschote
1 Möhre
1 Zwiebel
2 große Kartoffeln
1 Tasse Gemüsebrühe
1 Tasse Milch
Ingwerpulver oder Ingwer frisch
1 EL Curry
Jodsalz, Pfeffer
Zucker

So wird's gemacht

1. *Putenbrust in feine Streifen schneiden und portionsweise im heißen Speiseöl kräftig anbraten. Warmstellen.*
2. *Gemüse waschen. Möhre in Scheiben, Paprika in Streifen, Zwiebel in Ringe schneiden.*
3. *Kartoffeln schälen, in Scheiben schneiden und zusammen mit Zwiebel und Möhre in Gemüsebrühe zugedeckt ca. 10 Minuten leicht köcheln lassen.*
4. *Paprika zugeben und einige Minuten weiter köcheln. Milch und Putenfleisch hinzugeben und mit Curry, Ingwer, Jodsalz und Zucker abschmecken.*

Frühstück | Kräuterquark mit Radieschen

Zutaten:

1 Vollkorn- oder Mehrkornbrötchen
2 EL Kräuterquark
1 Tomate
1/2 Bund Radieschen
Jodsalz, Pfeffer

100 ml Apfelsaft
200 ml Mineralwasser

So wird's gemacht

1. *Beide Brötchenhälften mit Kräuterquark bestreichen.*
2. *Tomate und Hälfte Radieschen in Scheiben auf das Brötchen legen, mit Jodsalz und Pfeffer würzen. Restliche Radieschen dazu essen.*
3. *Aus Apfelsaft und Mineralwasser eine Schorle bereiten.*

Snack

Zutaten:

1/2 Rettich
1 Apfel
1 EL saure Sahne
Jodsalz, Pfeffer, Zucker

So wird's gemacht

Rettich und Apfel raspeln. Mit saurer Sahne verfeinern. Nach Bedarf mit Jodsalz, Zucker und Pfeffer würzen.

5. TAG

Abendessen | Pikanter Nudelsalat (Abb. siehe Seite 23)

Zutaten: für 2 Portionen

50 g Nudeln, roh
1 Apfel
1 Zwiebel
1 rote Paprikaschote
1/2 Salatgurke
1 Scheibe Kochschinken
1 Scheibe Käse, 30 g
1 Dose Mais (Abtropfgewicht 285 g)
1 TL Speiseöl
Jodsalz, Pfeffer
2 EL Essig
1 TL Senf

So wird's gemacht

1. *Nudeln in Salzwasser kochen.*
2. *Zwiebel, Apfel, Salatgurke und Paprikaschote in feine Würfel schneiden. Kochschinken und Käse in feine Streifen schneiden. Mais in einem Sieb abtropfen lassen.*
3. *Aus Speiseöl, Essig, Senf, Jodsalz und Pfeffer eine Marinade rühren.*
4. *Alle Zutaten mit der Marinade vermengen, Nudeln unterheben. Kaltstellen und 1 Stunde gut durchziehen lassen.*
5. *2. Portion für den nächsten Tag kalt stellen.*

Tipp

- Nudelsalat lässt sich gut vorbereiten.

Snack

- 1 Riegel Schokolade (20 g), z.B. 1 Haselnuss-Schnitte

+ 1,5 l Tee oder Wasser trinken

5. TAG

Mittagessen | **Minestrone**

Zutaten: für 2 Portionen

- 60 g Kasseler am Stück
- 1 EL Speiseöl
- 1 Stange Porree
- 150 g Rosenkohl
- 1 gelbe Paprikaschote
- 1 Dose Kichererbsen (Abtropfgewicht 265 g)
- 1 Dose geschälte Tomaten (Abtropfgewicht 480 g)
- 250 ml Gemüsebrühe
- Jodsalz
- Pfeffer
- 1 1/2 EL Käse, fein gerieben

So wird's gemacht

1. *Kichererbsen abspülen und im Sieb abtropfen lassen. Gemüse putzen und waschen. Porree in Scheiben, Paprika in Streifen schneiden. Rosenkohl halbieren.*
2. *Kasseler in Würfel schneiden und im heißen Speiseöl anbraten.*
3. *Porree, Rosenkohl, Kichererbsen und ca. 50 ml Wasser zum Kasseler geben und 10 Minuten dünsten.*
4. *Paprika, Tomaten und Gemüsebrühe dazugeben und zugedeckt ca. 10 Minuten dünsten.*
5. *Mit Jodsalz und Pfeffer Abschmecken. 1 1/2 EL geriebenen Käse dazu reichen.*
6. *Zweite Portion kalt stellen für den nächsten Tag.*

6. TAG

Frühstück | Apfelmüsli

Zutaten:

4 EL Früchtemüsli
1 Tasse Milch
1 Apfel
Zitronensaft
1 TL Honig

So wird's gemacht

1. Apfel nach Bedarf schälen, in kleine Stücke schneiden und mit Zitronensaft beträufeln.
2. Früchtemüsli und Milch dazu geben. Mit Honig süßen.

Snack

Zutaten:

3 EL Cornflakes
150 g Dickmilch, 1/3 Becher
1 TL Zucker

So wird's gemacht

Cornflakes mit Zucker und Dickmilch verrühren.

Mittagessen | Minestrone

Zutaten:

Zweite Portion Minestrone vom Vortag
1 1/2 EL geriebener Käse
1 Kiwi

So wird's gemacht

1. Minestrone aufwärmen. In einen Teller füllen, Käse darüber streuen.
2. Als Dessert eine Kiwi essen.

Snack

- 1 Birne

6. TAG

Abendessen | Pikanter Nudelsalat

Zutaten: Zweite Portion pikanten Nudelsalat vom Vortag

Bitte trinken Sie über den Tag verteilt mindestens 1 1/2 Liter kalorienfreie Getränke. (z. B. verschiedene Teesorten und Mineralwasser)

Frühstück | Schinken-Ei-Brot

Zutaten:
1 Scheibe Vollkorn- oder Mehrkornbrot
1 Hühnerei
1 Scheibe Kochschinken
1 TL Senf
1 TL Frischkäse
1 EL Schnittlauch

So wird's gemacht

1. *Hühnerei hart kochen.*
2. *Vollkorn- oder Mehrkornbrot mit Senf und Frischkäse bestreichen, mit Kochschinken belegen und das Ei in Scheiben auf dem Brot garnieren.*
3. *Zum Schluss in Röllchen geschnittenen Schnittlauch darüber streuen.*

Snack ■ 1/2 Tüte Buchstabenkekse

7. TAG

Abendessen | Crostini

Zutaten:
1 Baguettebrötchen
2 Tomaten
1 Schalotte
1 Knoblauchzehe
1 TL Speiseöl
Pfeffer, Jodsalz
1 Prise Zucker
einige Blätter Basilikum

So wird's gemacht

1. *Tomaten vierteln, entkernen und das Fruchtfleisch fein würfeln.*
2. *Schalotte und Knoblauchzehe fein würfeln. Basilikum abspülen und hacken.*
3. *Tomaten, Schalotte und Knoblauch miteinander vermengen, mit Jodsalz, Pfeffer und Zucker abschmecken.*
4. *Baguettebrötchen halbieren, Scheiben toasten, mit etwas Speiseöl beträufeln und Tomaten darauf verteilen.*
5. *Mit Basilikumblättern garnieren.*

+ 1,5 l Tee oder Wasser trinken

Snack ■ 1 Becher Milchreis

7. TAG

Mittagessen | **Fischauflauf**

Zutaten:

2 große Kartoffeln
1 Zucchini
1 Zwiebel
1 TL Speiseöl
2 TL Sojasauce
Pfeffer, frisch gemahlen
150 g Fischfilet
Zitronensaft
Jodsalz
3 EL Milch
1 EL Dill
3 EL geriebener Käse

So wird's gemacht

1. *Kartoffeln in wenig Salzwasser garen.*
2. *Fisch säubern, mit Zitronensaft beträufeln, salzen und in Stücke schneiden.*
3. *Zucchini waschen und in feine Scheiben schneiden. Zwiebel in Ringe schneiden und beides im heißen Öl andünsten. Mit Sojasauce und Pfeffer abschmecken.*
4. *Gemüse in eine gefettete Auflaufform geben und Fischstücke darauf legen.*
5. *Mit Milch übergießen und mit Dill und Käse bestreuen. Bei 200 °C ca. 15–20 Minuten überbacken.*

Ihre Einkaufsliste für Woche 2

Das müssen Sie für die 2. Woche einkaufen:

Brot, Brötchen, Gebäck, Süßes (Reste einfrieren und bei Bedarf auftauen)

- *1/2 Vollkorn- oder Mehrkornbrot*
- *Vollkorntoast, 1 Packung*
- *Rosinenbrötchen, 1 Stück*
- *Riegel Schokolade 1 Stück á 20 g, wie z. B. Schokoladen-Ei, Haselnussschnitte, Schokoriegel mit Milchfüllung*
- *Fruchtgummi, Lakritze oder Weingummi, 1 Tüte á 200 g*

Milch- und Milchprodukte, Käse

- *Buttermilch, 500 ml*
- *Milch (1,5 % Fett), 1 Liter*
- *Fruchtjoghurt (0,1 – 1,5 % Fett), 1 Becher á 150 – 200 g*
- *Naturjoghurt (1,5 % Fett), 1 Becher á 150 g*
- *Magerquark, 1 Packung á 250 g*
- *Fruchtquarkspeise (1,5 – 3,5 % Fett), 1 Becher á 150 – 200 g*
- *Käse im Stück (30 % Fett i. Tr.), 100 g*

Obst und Gemüse

- *Äpfel, 3 Stück*
- *Birnen, 1 Stück*
- *Feldsalat, 300 g*
- *Gemüsezwiebel, 1 Stück*
- *Kohlrabi, 1 Stück*
- *Möhre, 2 Stück*
- *Radieschen, 1 Bund*
- *Tomaten, 3 Stück*
- *Thymian frisch, ca. 2 Zweige*
- *Kresse, 1 Beet*

Fleisch, Fisch, Eier

- *Rinderhackfleisch, 200 g*
- *Geflügelwürstchen (15 % Fett), 2 Stück á 50 g*
- *Putenbrust frisch oder TK, 250 g*
- *Fischfilet frisch oder TK (Seelachs, Rotbarsch, Kabeljau), 150 g*
- *1 Hühnerei*

Das benötigen sie zusätzlich

- *Rahmspinat TK, 200 g*
- *Obstmischung TK, oder Beerenobst nach Wahl, 300 g*
- *Rote Johannisbeeren, frisch oder TK, 300 g*
- *Erbsen grün, 1 Dose (Abtropfgewicht ca. 280 g)*
- *weiße Bohnen, 1 Dose (Abtropfgewicht ca. 530 g)*
- *Fruchtcocktail, 1 Dose (Abtropfgewicht ca. 250 g)*
- *Thunfisch im eigenen Saft mit Gemüse, 1 Dose (Abtropfgewicht ca. 70 g)*
- *geschälte Tomaten, 1 Dose (Abtropfgewicht ca. 480 g)*
- *passierte Tomaten, 1 Dose/Packung á 500 g*
- *Gewürzgurken oder Cornichons, 1 Glas*
- *Kartoffel-Püree, 1 Fertigpackung á 2 Port.*
- *Trockenobst gemischt, 1 Tüte á 200 g*
- *Grüne Oliven, 1 Glas*
- *Rote Grütze Fertigprodukt, 1 Becher á 500 g*

Wocheneinkaufslisten zum heraustrennen auf den Seiten 121–124

Frühstück | Joghurtmüsli

Zutaten:
4 EL Früchtemüsli
2 EL Trockenobst gemischt (40 g)
1 Becher Naturjoghurt
1 EL Sonnenblumen- oder Kürbiskerne

So wird's gemacht
1. *Früchtemüsli in eine Schale geben.*
2. *Trockenobst in kleine Stücke schneiden, zum Müsli geben. Mit Naturjoghurt und Sonnenblumen- oder Kürbiskernen mischen.*

Snack

Zutaten:
1 Rosinenbrötchen
50 ml Apfelsaft
100 ml Mineralwasser

So wird's gemacht
1. *Aus Apfelsaft und Mineralwasser eine Apfelschorle bereiten.*
2. *Rosinenbrötchen dazu essen.*

8. TAG

Abendessen | Vollkornbrot herzhaft und süß

Zutaten:
2 Scheiben Vollkorn- oder Mehrkornbrot
1 EL Kräuterquark
1/2–1 EL saure Sahne
1 TL Konfitüre, Honig, Zuckerrübensirup, Apfel oder Birnenkraut
1 Tomate
Kräuter nach Wahl
Jodsalz, Pfeffer

So wird's gemacht
1. *Eine Scheibe Vollkornbrot mit saurer Sahne und Konfitüre bestreichen.*
2. *Die zweite Scheibe mit Kräuterquark bestreichen und mit Tomatenscheiben belegen. Nach Bedarf Salzen und Pfeffern, mit Kräutern bestreuen.*

Snack

- 1 Becher Fruchtjoghurt

8.
TAG

Mittagessen | Kartoffelbrei mit Spinat und Spiegelei

Zutaten:
200 g Kartoffelpüree
1 Hühnerei
1 TL Speiseöl
200 g Rahmspinat
Jodsalz, Pfeffer

So wird's gemacht

1. *Kartoffelbrei und Spinat nach Packungsangabe zubereiten.*
2. *Hühnerei im heißen Speiseöl braten.*
3. *Nach Bedarf Spiegelei und Spinat würzen.*

Bitte trinken Sie über den Tag verteilt mindestens 1 1/2 Liter kalorienfreie Getränke. (z.B. verschiedene Teesorten und Mineralwasser)

Frühstück | Apfel-Cornflakes

Zutaten:

6 EL Cornflakes
1 Apfel
1 Tasse Milch
1 TL Zucker
1 EL Sonnenblumen- oder Kürbiskerne

So wird's gemacht

1. *Apfel nach Bedarf schälen und in kleine Stücke schneiden.*
2. *Mit Cornflakes, Dickmilch, Zucker und Sonnenblumen- oder Kürbiskernen vermengen.*

Snack

Zutaten:

1/3 Becher Rote Grütze
50 ml Apfelsaft
100 ml Mineralwasser

So wird's gemacht

Aus Apfelsaft und Mineralwasser eine Apfelschorle bereiten.

9. TAG

Abendessen | Toast überbacken

Zutaten:

1 Scheibe Toastbrot
1 EL Käse, geraspelt
einige Blätter Basilikum
1 Tomate
1 Knoblauchzehe
einige Blätter Feldsalat
Jodsalz, Pfeffer

So wird's gemacht

1. *Toastbrot leicht toasten und mit Knoblauchzehe einreiben oder die Zehe in feine Scheiben schneiden und auf das Toastbrot legen.*
2. *Toastbrot mit Tomatenscheiben und Feldsalat belegen.*
3. *Käse über das Toastbrot streuen und kurz im Backofen oder unter dem Grill überbacken, so dass der Käse zerläuft.*
4. *Mit Basilikum garnieren.*

Tipp

- Wer keine Möglichkeit zum Überbacken hat, kann das Toastbrot auch nicht überbacken verzehren.

Snack

- 1 Riegel Schokolade (20 g), z. B. 1 Schokoladenei

9. TAG

Mittagessen | **Fischfilet mit Oliven**

Zutaten:

- 3 große Kartoffeln
- 1 Kohlrabi
- 2 Möhren
- 50 ml Gemüsebrühe
- 1 Lorbeerblatt
- 2 EL Zitronensaft
- Pfeffer
- Petersilie
- 6 Stück grüne Oliven
- 150 g Fischfilet

+ 1,5 l Tee oder Wasser trinken

So wird's gemacht

1. *Kartoffeln in wenig Salzwasser garen.*
2. *Kohlrabi und Möhre in Scheiben schneiden und in wenig Wasser bei geschlossenem Deckel dünsten. Abgießen und Gemüsewasser aufbewahren.*
3. *Gemüsewasser und Gemüsebrühe mit Lorbeerblatt, Pfeffer und Zitronensaft aufkochen, Fischfilet in den Sud legen und ca. 5 Minuten bei geschlossenem Deckel dünsten. Fischfilet herausnehmen und warm halten.*
4. *Grüne Oliven in Scheiben schneiden, zum Sud geben und ca. 5 Minuten einkochen lassen ohne Deckel. Abschmecken.*
5. *Gemüse, Kartoffeln und Fischfilet auf einem Teller anrichten. Soße über den Fisch geben, mit Petersilie bestreuen.*

10. TAG

Frühstück | Birnenmüsli

Zutaten:
- 4 EL Früchtemüsli
- 1 Birne
- 1 Tasse Milch

So wird's gemacht

Birne nach Bedarf schälen und in mundgerechte Stücke schneiden. Mit Früchtemüsli, Milch und Zucker vermengen.

Snack

Zutaten:
- 1/2 Becher Buttermilch
- 150 g Obstmischung, TK
- 1 Päckchen Vanillezucker

So wird's gemacht:

Alle Zutaten in einen Shaker geben, pürieren, und mit Vanillezucker abschmecken.

Mittagessen | Bohnentopf

Zutaten:
- 1 Zwiebel
- 1 Knoblauchzehe
- 1 TL Speiseöl
- 1 Dose geschälte Tomaten (Abtropfgewicht ca. 480 g)
- ca. 50–100 ml Gemüsebrühe
- 1 Dose weiße Bohnen (Abtropfgewicht ca. 530 g)
- Thymian, 2 frische Zweige
- Jodsalz, Pfeffer
- 1 TL Zucker
- 2 Scheiben Toastbrot

So wird's gemacht

1. *Zwiebel und Knoblauch in feine Würfel schneiden, im heißen Speiseöl glasig dünsten.*
2. *Tomaten, 1/2 Dose Bohnen und Gemüsebrühe hinzugeben und einige Minuten köcheln lassen.*
3. *Thymian fein hacken, hinzugeben und den Bohnentopf mit Salz und Pfeffer abschmecken.*
4. *Toastbrot nach Bedarf toasten und dazu essen.*
5. *Restliche 1/2 Dose weiße Bohnen im Kühlschrank für den 13. Tag aufbewahren.*

Snack

- 1/3 Becher Rote Grütze

Abendessen | **Kartoffelsalat**

Zutaten:

2 große Kartoffeln
100 ml Gemüsebrühe
1 TL Senf
2 EL Gewürzgurkenwasser
1 EL saure Sahne
4 Gewürzgurken oder
6–8 Cornichons
1/2 Bund Radieschen
Petersilie frisch oder TK
Prise Zucker

So wird's gemacht

1. *Kartoffeln schälen, in Scheiben schneiden und in der Gemüsebrühe ca. 10 Minuten garen.*
2. *Kartoffelbrühe etwas abkühlen lassen mit dem Gurken-Essig, Senf und saurer Sahne abschmecken.*
3. *Radieschen und Gurken in Scheiben schneiden, hinzugeben. Alle Zutaten miteinander gut vermengen.*
4. *Nach Bedarf salzen und pfeffern. Mit gehackter Petersilie garnieren.*

+ 1,5 l Tee oder Wasser trinken

Frühstück | Käsebrot

Zutaten:
1 Scheibe Vollkorn- oder Mehrkornbrot
1 TL Senf oder Tomatenmark
1 Scheibe Schnittkäse
einige Blätter Feldsalat
Pfeffer

So wird's gemacht
Vollkornbrot mit Senf oder Tomatenmark bestreichen, mit Käse und Feldsalat belegen. Nach Bedarf mit Pfeffer bestreuen.

Snack
- 1/3 Becher Rote Grütze

Tipp
- Nudelsalat lässt sich gut vorbereiten.

11. TAG

Abendessen | Nudelsalat

Zutaten: für 2 Portionen
60 g Nudeln, roh
1 Dose grüne Erbsen (Abtropfgewicht ca. 280 g)
1 Dose Thunfisch im eigenen Saft mit Gemüse (Abtropfgewicht ca. 70 g)
1/2 Bund Radieschen
6 Stück Gewürzgurken oder 8–10 Cornichons
1/4 Gemüsezwiebel
4 EL Essig
2 EL Gurkenwasser
Jodsalz, Pfeffer
2 TL Zucker
2 EL Kräuter nach Wahl

So wird's gemacht
1. *Nudeln in Salzwasser garen. Abgießen und abkühlen lassen.*
2. *Aus Essig, Gewürzgurkenwasser, Jodsalz, Pfeffer, Zucker und Kräutern eine Marinade bereiten.*
3. *Radieschen und Gewürzgurken in Scheiben und Gemüsezwiebel in feine Würfel schneiden. Alle Zutaten mit Erbsen, Thunfisch und Nudeln vermengen. Marinade darüber geben und alles miteinander verrühren. Gut durchziehen lassen.*
4. *Zweite Portion für den nächsten Tag kalt stellen.*

Snack

Zutaten:
2 Scheiben Knäckebrot
1 TL Butter
1–2 EL Honig

So wird's gemacht
Knäckebrot mit Butter und Honig bestreichen.

11. TAG

Mittagessen | Pellkartoffeln mit Kressequark

Zutaten:

150 g Feldsalat
1 Schalotte
1 Tüte Salat-Fertigdressing
3 Kartoffeln
150 g Magerquark
3–5 EL Mineralwasser
3 EL Milch
Zucker, Jodsalz, Pfeffer
1 Beet Kresse
1 Geflügelwürstchen (ca. 50 g)

So wird's gemacht

1. *Kartoffeln als Pellkartoffeln kochen.*
2. *Magerquark mit Mineralwasser ca. 3 Minuten mit dem Mixstab verquirlen, so dass der Quark schön cremig wird. Milch unterrühren.*
3. *Mit Jodsalz, Pfeffer und Zucker kräftig abschmecken.*
4. *Kresse fein hacken und unter den Quark rühren.*
5. *Feldsalat waschen, Schalotte in feine Würfel schneiden und beide Zutaten vermengen. Dressing herstellen, über den Salat geben.*
6. *Würstchen erwärmen.*
7. *Kressequark und Kartoffeln auf einem Teller anrichten, Würstchen dazu essen.*

+ 1,5 l Tee oder Wasser trinken

Frühstück | Johannisbeeren mit süßer Milch

Zutaten:
150 g Rote Johannisbeeren, TK oder frisch
1 Tasse Milch
1 TL Zucker

So wird's gemacht
Johannisbeeren mit Milch übergießen und mit Zucker abschmecken.

12. TAG

+ 1,5 l Tee oder Wasser trinken

Snack

Zutaten:
150 g Rote Johannisbeeren
1/2 Becher Buttermilch
1 Päckchen Vanillezucker

So wird's gemacht
Johannisbeeren oder anderes TK-Obst in einen Shaker geben, pürieren. Mit Vanillezucker abschmecken.

Abendessen | Nudelsalat

Zutaten:
Zweite Portion Nudelsalat vom Vortag

So wird's gemacht
Zweite Portion Nudelsalat verspeisen.

Snack

- 50 g Fruchtgummi oder Lakritze

12.
TAG

Mittagessen | **Nudeln mit Hackfleischsoße**

Zutaten:

50 g Nudeln, roh
2 EL Käse, geraspelt
200 g Rinderhackfleisch
1 EL Speiseöl
1 Dose/Packung passierte Tomaten (500 g)
4 EL Tomatenmark
2 Zwiebeln
2 Knoblauchzehen
Basilikum
Jodsalz, Pfeffer
1 TL Zucker
gek. Gemüsebrühe

So wird's gemacht

1. *Nudeln in Salzwasser kochen.*
2. *Zwiebeln in feine Würfel schneiden. Knoblauch schälen.*
3. *Zwiebeln im heißen Speiseöl glasig dünsten, Tomatenmark dazugeben und anbraten.*
4. *Hackfleisch dazugeben und kräftig braten. Passierte Tomaten unterrühren, Knoblauch pressen und dazu geben, kurz aufkochen lassen. Mit Jodsalz, Pfeffer, Zucker, evtl. gek. Gemüsebrühe und Basilikum abschmecken.*
5. *Nudeln mit Hälfte der Hacksoße auf einem Teller anrichten, Käse darüber streuen.*
6. *Die zweite Portion Hacksoße für den nächsten Tag kalt stellen.*

Frühstück | **Tomatenbrot mit Basilikum**

Zutaten:
1 Scheibe Vollkorn- oder Mehrkornbrot
1 TL Tomatenmark oder Senf
1 Tomate
1 Schalotte
einige Basilikumblätter
Jodsalz, Pfeffer

So wird's gemacht
1. *Vollkornbrot mit Tomatenmark oder Senf betreichen.*
2. *Mit Tomatenscheiben, Zwiebelringen und Kräutern belegen. Nach Bedarf würzen.*

Snack
- 1 Apfel

13. TAG

Mittagessen | **Nudeln mit Hackfleischsoße**

So wird's gemacht
1. *Nudeln in Salzwasser garen.*
2. *Hackfleischsoße erwärmen. Mit den Nudeln vermengen und Käse darüber streuen.*

Zutaten:
Zweite Portion Hackfleischsoße vom Vortag
50 g Nudeln, roh
2 EL Käse, geraspelt

Snack

Zutaten:
150 ml Kaffee
100 ml Milch
1 TL Zucker

So wird's gemacht
Aus Kaffee, Milch und Zucker einen Milchkaffee oder Cappuccino bereiten.

13. TAG

Abendessen | Bohnensalat

Zutaten:

1/2 Dose Weiße Bohnen (Rest vom 10. Tag)
1/2 Gemüsezwiebel
2 EL Essig
1 TL Speiseöl
Zucker
Jodsalz, Pfeffer
1 Scheibe Vollkorn- oder Mehrkornbrot
Petersilie

So wird's gemacht

1. 1/2 Gemüsezwiebel in feine Würfel schneiden.
2. Aus Essig, Öl und Gewürzen eine Marinade bereiten.
3. Zwiebel, Bohnen und Marinade vermengen. Kräftig abschmecken und ziehen lassen. Mit gehackter Petersilie bestreuen.
4. Vollkornbrot dazu essen.

+ 1,5 l Tee oder Wasser trinken

Frühstück | Apfelmüsli

Zutaten:
1 Apfel
4 EL Früchtemüsli
1 Tasse Milch
1 TL Zucker
1 EL Sonnenblumen- oder Kürbiskerne

So wird's gemacht

1. *Apfel nach Bedarf schälen und in kleine Stücke schneiden.*
2. *Mit Früchtemüsli, Milch, Zucker und Sonnenblumen- oder Kürbiskernen vermengen.*

Snack ■ 50 g Fruchtgummi oder Lakritze

14. TAG

Mittagessen | Putencurry

Zutaten: für 2 Portionen
40 g Nudeln, roh
250 g Putenbrust
2 Zwiebeln
1 TL Speiseöl
1 Dose Früchtecocktail (Abtropfgewicht ca. 250 g)
1 TL Speisestärke
1 Tasse Milch
1 Tasse Gemüsebrühe
1 EL Currypulver
Jodsalz
Pfeffer

So wird's gemacht

1. *Nudeln in Salzwasser bissfest garen.*
2. *Putenbrust in Streifen schneiden, mit Jodsalz, Pfeffer und Speiseöl marinieren. Milch mit Speisestärke verrühren.*
3. *Früchtecocktail abtropfen lassen, Flüssigkeit auffangen. Zwiebel in feine Würfel schneiden und mit Gemüsebrühe und Curry einige Minuten köcheln lassen.*
4. *Milch mit Speisestärke unterrühren und kurz aufkochen lassen. Mit Salz, Pfeffer und Curry abschmecken. Früchte unterheben. Nach Bedarf Früchteflüssigkeit hinzugeben.*
5. *Putenstreifen portionsweise in heißem Speiseöl kräftig braten, zur Soße geben.*
6. *Einen Teil mit Nudeln auf einem Teller anrichten.*
7. *Zweite Portion für den nächsten Tag kalt stellen.*

Snack ■ 1 Becher Fruchtquarkspeise

14. TAG

Abendessen | Würstchen mit Feldsalat

Zutaten:

140 g Feldsalat
1 Schalotte
1 Tüte Salat-Fertigdressing
1 Geflügelwürstchen (ca. 50 g)
1 Scheibe Vollkorn- oder Mehrkornbrot
1 TL Senf

So wird's gemacht

1. *Feldsalat waschen. Schalotte in feine Würfel schneiden und zum Salat geben. Dressing mit Wasser anrühren, über den Salat geben.*
2. *Würstchen erwärmen und mit Senf und dem Vollkornbrot zum Salat essen.*

+ 1,5 l Tee oder Wasser trinken

Ihre Einkaufsliste für Woche 3

Das müssen Sie für die 3. Woche einkaufen:

Brot, Brötchen, Gebäck, Süßes (Reste einfrieren und bei Bedarf auftauen)
• *Vollkorn- oder Mehrkornbrötchen, 3 Stück*
• *Rosinenbrötchen, 1 Stück*
• *Obstkuchen aus Hefeteig, 2 Stück nach Wahl, wie z.B. Rhabarber, Pflaume, Erdbeere*
• *Früchte-Müsliriegel 1 Stück á 25 g, max. 3,5 % Fett, wie z.B. Cranberry*
• *Buchstabenkekse, 1 Tüte á 100 g*

Milch- und Milchprodukte, Käse
• *Dickmilch (1,5 % Fett), 600 g*
• *Hüttenkäse (5 % Fett), 1 Becher á 200 g*
• *Kräuterquark (40 % Fett i.Tr.), 1 Packung á 200 g*
• *Milch (1,5 % Fett), 1/2 Liter*
• *Naturjoghurt (1,5 % Fett), 1 Becher á 150 g*
• *saure Sahne (10 % Fett), 1 Becher á 150 g*
• *Käse im Stück (30 % Fett i.Tr.), 60 g, z.B. Gouda, Westlite, Cantenaar*
• *Schmelzkäse (max. 30 % Fett i.Tr.), 1 Ecke á 30 g, z.B. Kräutergeschmack*

Fleisch, Fisch, Eier
• *Hühnerbrustfilet frisch oder TK, 125 g*
• *Hühnereier, 2 Stück*
• *Geräucherte Lachs, 2 Scheiben (ca. 75 g)*
• *Putenbrust frisch oder TK, 125 g*
• *Schweineschnitzel, 100 g*
• *Geflügelwürstchen, 1 Stück á 50 g*

Obst und Gemüse + Kräuter

- Äpfel, 4 Stück
- Birnen, 2 Stück
- Brokkoli, 1 Stück á 500 g
- Champignons, braun oder weiß, 100 g
- Feldsalat, 100 g
- Frühlingszwiebeln, 3 Stück
- Gemüsezwiebel, 1 Stück klein
- Kohlrabi, 2 Stück
- Möhren, 4 Stück
- Paprikaschote rot, 2 Stück
- Paprikaschote gelb, 1 Stück
- Porree, 1 Stange
- Salatgurke, 1 Stück
- Sherrytomaten, 1 Packung á 250 g
- Tomaten, 3 Stück
- Zucchini, 1 Stück
- 1 Bund Blattpetersilie
- Kresse, 1 Beet

Das benötigen Sie zusätzlich

- Fertig-Vanillesoße (3,5 % Fett), 1 Packung á 250 g oder Vanillesoße ohne Kochen für 250 ml Milch (1,5 %–3,5 % Fett), 1 Päckchen
- Sauerkraut, 1 Dose (Abtropfgewicht ca. 285 g)
- Süß- oder Sauerkirschen, 1 Glas á 250 g
- Erbsen und Möhren, 1 kleine Dose(Abtropfgewicht ca. 140 g)

Wocheneinkaufslisten zum heraustrennen auf den Seiten 121–124

Frühstück | **Kernige Cornflakes**

Zutaten:
4 EL Cornflakes
1 EL Trockenobst gemischt
150 g Dickmilch
1 TL Sonnenblumen- oder Kürbiskerne

So wird's gemacht
Trockenobst in kleine Stücke schneiden. Mit Cornflakes, Dickmilch und Sonnenblumen- oder Kürbiskernen vermengen.

Snack
- 1 Apfel

15. TAG

Mittagessen | **Putencurry**

Zutaten:
30 g Nudeln, roh
Zweite Portion Putencurry vom Vortag

So wird's gemacht
1. *Nudeln in Salzwasser bissfest garen.*
2. *Putencurry erwärmen und mit Nudeln auf einem Teller anrichten.*

Snack
- 1/2 Tüte Buchstabenkekse

15. TAG

Abendessen | **Lachsbrot mit Meerrettich**

Zutaten:

1 Scheibe Vollkorn- oder Mehrkornbrot
1 TL Meerrettich
2 Scheiben Lachs geräuchert (ca. 75 g)
4 Scheiben Salatgurke
1 TL Dill
Jodsalz

So wird's gemacht

Scheibe Vollkornbrot mit Meerrettich bestreichen und mit Lachs und Salatgurke belegen. Mit Dill garnieren. Nach Bedarf würzen.

Bitte trinken Sie über den Tag verteilt mindestens 1 1/2 Liter kalorienfreie Getränke. (z. B. verschiedene Teesorten und Mineralwasser)

Frühstück | Tomatenbrot mit Kräuterquark

Zutaten:
1 Vollkorn- oder Mehrkornbrötchen
2 EL Kräuterquark
1 Tomate
Jodsalz, Pfeffer
1 EL Kresse

So wird's gemacht

1. *Brötchen durchschneiden und beide Brötchenhälften mit Kräuterquark bestreichen.*
2. *Tomatenscheiben auf die Hälften legen, würzen und mit Kresse garnieren.*

Snack

50 g Fruchtgummi oder Lakritz

16. TAG

Abendessen | Kohlrabisuppe

Zutaten: für 2 Portionen
2 Frühlingszwiebeln
2 Kohlrabi
1 große Kartoffel
ca. 250 ml Gemüsebrühe
Muskat
1 TL Speiseöl
5 EL Milch
1 TL Zucker
Jodsalz, Pfeffer
1/2 Bund Blattpetersilie
1 Vollkorn- oder Mehrkornbrötchen

So wird's gemacht

1. *Lauchzwiebeln in feine Ringe schneiden, 1 TL beiseite legen. Kohlrabi und Kartoffel schälen, in Würfel schneiden.*
2. *Lauchzwiebeln im heißen Speiseöl andünsten. Kohlrabi- und Kartoffelwürfel dazugeben und mit Gemüsebrühe auffüllen. Gemüse sollte dabei knapp bedeckt sein. Zugedeckt ca. 10 Minuten kochen.*
3. *Mit dem Pürierstab fein pürieren. Mit Muskat, Jodsalz, Pfeffer, Zucker und Milch abschmecken. Nach Bedarf gekörnte Gemüsebrühe hinzugeben. Mit gehackter Petersilie und 1 TL Lauchzwiebeln bestreuen. Dazu Brötchen essen.*
4. *Die Hälfte der Suppe für den nächsten Tag kalt stellen.*

Snack

Zutaten:
150 g Dickmilch
1 EL Cornflakes
1 TL Honig oder Zucker

16. TAG

Mittagessen | **Sauerkraut mit Kartoffelbrei und Würstchen**

Zutaten:

1 Beutel Kartoffelpüree
1 Dose Sauerkraut
(Abtropfgewicht ca. 285 g)
4 EL Wasser
1–2 TL Zucker
gek. Gemüsebrühe
1/2 TL Kümmelkörner
1 Geflügelwürstchen, ca. 50 g
1–2 TL Senf

So wird's gemacht

1. *Kartoffelpüree laut Packungsanleitung zubereiten.*
2. *Sauerkraut mit Kümmel in etwas Wasser aufkochen. Mit Zucker und evtl. gekörnter Gemüsebrühe abschmecken.*
3. *Geflügelwürstchen erwärmen.*
4. *Zutaten auf einem Teller anrichten. Senf zu dem Geflügelwürstchen reichen.*

+ 1,5 l Tee oder Wasser trinken

Frühstück | Süße Cornflakes

Zutaten:
1 Birne
4 EL Cornflakes
150 g Dickmilch
1 TL Zucker oder Honig
1 TL Sonnenblumen- oder Kürbiskerne

So wird's gemacht

1. *Birne nach Bedarf schälen und in kleine Stücke schneiden.*
2. *Mit Cornflakes, Dickmilch, Zucker oder Honig und Sonnenblumen- oder Kürbiskernen vermengen.*

Snack

- 1 Apfel

17. TAG

Abendessen | Kohlrabisuppe

Zutaten:
Zweite Portion Kohlrabisuppe vom Vortag
1 Vollkorn- oder Mehrkornbrötchen

So wird's gemacht

1. *Kohlrabisuppe aufwärmen.*
2. *Dazu ein Vollkorn- oder Mehrkornbrötchen verspeisen.*

Snack

Zutaten:
1 Rosinenbrötchen
100 ml Apfelsaft
200 ml Mineralwasser

So wird's gemacht

1. *Aus Apfelsaft und Mineralwasser eine Apfelsaftschorle bereiten.*
2. *Dazu Rosinenbrötchen essen.*

+ *1,5 l Tee oder Wasser trinken*

17. TAG

Mittagessen |

Putenfilet auf Feldsalat

Zutaten:

125 g Putenbrust
1 TL Speiseöl
gem. Koriander
1 EL Sojasoße
1 TL Honig
1 Knoblauchzehe
Ingwerpulver
100 g Feldsalat
100 g Braune oder weiße Champignons
6 Sherrytomaten
1 Möhre
Salatsoße:
Salat-Fertigdressing

So wird's gemacht

1. *Knoblauchzehe sehr fein hacken und mit Speiseöl, Koriander, Sojasoße, Honig und Ingwerpulver verrühren.*
2. *Putenbrust in feine Streifen schneiden, mit der Marinade verrühren, ca. 30 Minuten abgedeckt im Kühlschrank ziehen lassen.*
3. *In der Zwischenzeit Feldsalat waschen, trocken schleudern. Tomaten in Viertel schneiden. Möhre schälen, in Scheiben schneiden.*
4. *Putenbrust im heißen Speiseöl portionsweise kräftig braten.*
5. *Feldsalat, Champignons, Möhre und Tomaten auf einem Teller anrichten, Dressing darüber träufeln. Putenstreifen über den Salat verteilen.*

Frühstück | Süßer Toast

Zutaten:
2 Scheiben Vollkorntoast
1 EL Butter oder Margarine
1 TL Konfitüre, Apfel- oder Birnenkraut
1 TL Honig oder Zuckerrübensirup

So wird's gemacht

Beide Toastbrotscheiben toasten. Mit Butter oder Margarine, Honig oder Zuckerrübensirup und mit Konfitüre oder Apfel- oder Birnenkraut bestreichen.

Snack

Zutaten:
125 g Süß- oder Sauerkirschen
4 EL Vanillesoße

18. TAG

Abendessen | Zwiebelsuppe

Zutaten:
2 Zwiebeln
1 TL Speiseöl
250 ml Gemüsebrühe
Jodsalz, Pfeffer
1 Scheibe Vollkorntoast
1 Knoblauchzehe
1 Scheibe Käse

1. *Zwiebeln in sehr feine Scheiben schneiden und im heißen Speiseöl kräftig braten. Mit Jodsalz und Pfeffer würzen.*
2. *Gemüsebrühe dazugeben und ca. 5 Minuten köcheln lassen.*
3. *Toastbrot toasten und mit geschälter Knoblauchzehe von beiden Seiten einreiben.*
4. *Toast mit der Käsescheibe belegt in eine Suppentasse legen. Heiße Zwiebelsuppe darüber gießen.*

Snack

- 1 Früchte-Müsliriegel

+ 1,5 l Tee oder Wasser trinken

18. TAG

Mittagessen | ## Nudelpfanne

Zutaten:

50 g Nudeln, roh
1 Frühlingszwiebel
1 Tomate
1 Zucchini
1 rote Paprikaschote
1 TL gekörnte Gemüsebrühe
2 EL saure Sahne
Jodsalz, Pfeffer
3 EL Käse, geraspelt
Petersilie

So wird's gemacht

1. *Nudeln in Salzwasser bissfest garen.*
2. *Frühlingszwiebel in Ringe schneiden. Tomate und Zucchini in Würfel schneiden. Paprika entkernen und in dünne Streifen schneiden.*
3. *Gemüse mit 1 TL gekörnte Brühe in einer großen Pfanne in 3 EL Wasser bei geschlossenem Deckel ca. 5 Minuten dünsten.*
4. *Saure Sahne unterrühren und Nudeln hinzugeben, vorsichtig durchmengen. Herd ausstellen und die Nachwärme ca. 5 Minuten zum Durchziehen nutzen.*
5. *Mit Jodsalz und Pfeffer abschmecken. Gehackte Petersilie und geraspelten Käse über das Nudelgemüse streuen.*

Frühstück | **Apfel-Cornflakes**

Zutaten:

- 1 Apfel
- 4 EL Cornflakes
- 1 Becher Naturjoghurt
- 1 TL Honig oder Zucker

So wird's gemacht

Apfel nach Bedarf schälen und in kleine Stücke s chneiden. Mit Cornflakes, Naturjoghurt und Honig oder Zucker vermengen.

Snack

- 1 Birne

19. TAG

Abendessen | **Bunter Nudelsalat**

Zutaten:
für 2 Portionen

- 70 g Nudeln, roh
- 250 g Brokkoli
- 1 kleine Gemüsezwiebel
- 2 Möhren
- 1 Stange Porree
- 1/2 Salatgurke
- 10 Sherrytomaten
- 50 ml Gemüsebrühe
- 1 TL Speiseöl
- 4 EL Essig oder Zitronensaft
- 1/2 Bund Blattpetersilie
- Jodsalz, Pfeffer

So wird's gemacht

1. *Nudeln in Salzwasser bissfest garen.*
2. *Gemüsezwiebel in Ringe, Möhren in Scheiben schneiden. Porree gut waschen und in feine Ringe schneiden. Broccoli in kleine Röschen teilen. Salatgurke evtl. schälen und in Würfel schneiden. Cocktailtomaten halbieren.*
3. *Gemüsezwiebel, Möhren, Porree und Broccoli mit 3 EL Wasser für 5 Minuten dünsten. Abkühlen lassen.*
4. *Essig, Speiseöl, Gemüsebrühe und Gewürze verrühren, über die warmen Nudeln geben und kräftig abschmecken. Petersilie fein hacken.*
5. *Vorbereitetes Gemüse unter die Nudeln heben, mit Petersilie bestreuen.*
6. *Die zweite Portion für den nächsten Tag kalt stellen.*

Snack

Zutaten:

125 g Süß- oder Sauerkirschen
4 EL Vanillesoße

19. TAG

Mittagessen | **Schnitzeltoast**

Zutaten:

1 Hühnerei
1 Dose Erbsen/Möhren
(ca. 140 g Abtropfgewicht)
50 ml Wasser
2 EL Milch
1 TL Stärkemehl
100 g Schweineschnitzel
1 TL Speiseöl
Jodsalz, Pfeffer
Kresse
1 Scheibe Vollkorntoast

So wird's gemacht

1. *Hühnerei hart kochen.*
2. *Milch mit Stärkemehl verrühren.*
3. *Erbsen und Möhren in 50 ml Wasser erwärmen, Stärkemilch unter Rühren hinzugeben und kurz aufkochen lassen. Mit Jodsalz und Pfeffer abschmecken.*
4. *Schnitzel pfeffern und im heißen Speiseöl ca. 2–3 Minuten jeweils von beiden Seiten braten, danach salzen.*
5. *Hühnerei pellen, in Scheiben schneiden.*
6. *Toastbrot toasten, Schnitzel darauf anrichten. Erbsen- und Möhren darüber geben, mit Kresse und Eischeiben garnieren.*

+ 1,5 l Tee oder Wasser trinken

20. TAG

Frühstück | **Süßer Hüttenkäse auf Brot**

Zutaten:
1 Scheibe Vollkorn- oder Mehrkornbrot
1 EL Hüttenkäse
1 EL Konfitüre oder Apfel- oder Birnenkraut

So wird's gemacht
Scheibe Vollkornbrot mit Hüttenkäse und Konfitüre oder Apfel- oder Birnenkraut bestreichen.

Snack ■ 50 g Fruchtgummi oder Lakritze

Abendessen | **Bunter Nudelsalat**

Zutaten:
Zweite Portion Nudelsalat vom Vortag

So wird's gemacht
Nudelsalat vom Vortag verspeisen.

Zutaten:
1 Stück Obstkuchen aus Hefeteig
150 ml Kaffee
100 ml Milch
1–2 TL Zucker

Snack

So wird's gemacht
Aus Kaffee, Milch und Zucker einen Cappuccino oder Milchkaffee bereiten.

20.
TAG

Mittagessen | **Hähnchen-Gemüse-Pfanne**

Zutaten:

3 Kartoffeln
150 ml Gemüsebrühe
1 Zwiebel
1 gelbe Paprikaschote
1 Tomate
1/2 Salatgurke
125 g Hühnerbrustfilet
1 TL Speiseöl
1 Knoblauchzehe
Jodsalz, Pfeffer
Paprikapulver
Petersilie

So wird's gemacht

1. *Kartoffeln mit Schale in Gemüsebrühe garen, abkühlen lassen.*
2. *Zwiebel schälen und fein würfeln. Tomate und Gurke in Würfel, Paprika in Streifen schneiden. Knoblauch schälen. Abgekühlte Kartoffeln pellen und in Scheiben schneiden.*
3. *Hühnerbrustfilet in mundgroße Stücke teilen und im heißen Speiseöl Portionsweise ca. 5 Minuten braten. Knoblauch pressen, dazu geben und mit Jodsalz, Pfeffer und Paprika würzen. Hühnerbrustfilet warm stellen.*
4. *Zwiebel und Paprika ca. 5 Minuten zugedeckt dünsten. Tomate, Gurke und Kartoffeln dazu geben. Mit Gewürzen abschmecken.*
5. *Gemüse auf einem Teller anrichten. Hühnerbrustfiletstücke darüber legen, mit Petersilie bestreuen.*

+ 1,5 l Tee oder Wasser trinken

Frühstück | Früchtemüsli mit Dickmilch

Zutaten:

1 Apfel
4 EL Früchtemüsli
150 g Dickmilch

So wird's gemacht

Apfel nach Bedarf schälen und in kleine Stücke schneiden. Mit Früchtemüsli und Dickmilch vermengen.

Snack

- 1/2 Russisch Brot

21. TAG

Mittagessen | Brokkoli-Käse-Auflauf

Zutaten:

250 g Brokkoli
1 rote Paprikaschote
1 Möhre
1 Ecke Schmelzkäse Kräuter
7 EL Milch
1 Hühnerei
Muskat
Jodsalz, Pfeffer
2 EL Schnittlauchröllchen

So wird's gemacht

1. *Brokkoli waschen und in kleine Röschen teilen. Paprikaschote in Streifen, Möhre in Scheiben schneiden.*
2. *Brokkoli und Möhre mit 4 EL Wasser ca. 5 Minuten zugedeckt dünsten.*
3. *Milch kurz aufkochen lassen. Schmelzkäseecke einrühren bis Käse sich aufgelöst hat. Hühnerei unter die Käsemilch schlagen und alles mit Jodsalz, Pfeffer und Muskat kräftig abschmecken.*
4. *Brokkoli, Möhre und Paprika in eine Auflaufform geben, mit der Käse-Eier-Milch übergießen.*
5. *Im Ofen bei 200 °C ca. 15 Minuten überbacken.*
6. *Mit Schnittlauchröllchen bestreuen.*

Snack

- 1 Stück Obstkuchen aus Hefeteig

21. TAG

Abendessen | Pellkartoffeln mit Quark

Zutaten:

3 Kartoffeln
100 g Kräuterquark
2 EL saure Sahne
Jodsalz, Pfeffer
1 TL Zucker
1 Knoblauchzehe
1/2 Bund Schnittlauch

So wird's gemacht

1. *Kartoffeln mit Schale in Salzwasser garen.*
2. *In der Zwischenzeit Kräuterquark mit Saurer Sahne verrühren und mit Jodsalz, Pfeffer und Zucker abschmecken.*
3. *Schnittlauch in Röllchen schneiden und unter den Quark heben.*
4. *Kartoffeln mit Quark auf einem Teller anrichten.*

+ 1,5 l Tee oder Wasser trinken

Ihre Einkaufsliste für Woche 4

Das müssen Sie für die 4. Woche einkaufen:

Brot, Brötchen, Gebäck, Süßes (Reste einfrieren und bei Bedarf auftauen)
● *Vollkorn- oder Mehrkornbrötchen, 2 Stück*
● *Obstkuchen aus Hefeteig, 1 Stück nach Wahl, z. B. Rhabarber, Pflaume oder Erdbeere*
● *Früchte-Müsliriegel 1 Stück á 25 g, max. 3,5 % Fett, wie z. B. Cranberry*
● *Schaumzuckerwaffeln, 3 Stück á 30 g oder Schaumzuckerwaren 90 g, wie z. B. Marshmallow, süßer Speck, weiße Mäuse*
● *Riegel Schokolade 2 Stück á 20 g, wie z. B. Schokoladen-Ei, Haselnussschnitte*

Milch- und Milchprodukte, Käse
● *Naturjoghurt (3,5 % Fett), 2 Becher á 150 g*
● *Käse im Stück (30 % Fett i. Tr.), 70 g z. B. Gouda, Westlite, Cantenaar*
● *Milch (1,5 % Fett), 1/2 Liter*
● *Milchreis (3–3,5 % Fett), 1 Becher nach Wahl á 200 g*
● *Dickmilch (1,5 % Fett), 150 g*

Fleisch, Fisch, Eier
● *Rinderhackfleisch, 80 g*
● *gekochter Schinken oder Lachsschinken, 60 g*
● *Putenbrustaufschnitt, 3 Scheiben, 90 g*
● *Scholle frisch küchenfertig, 1 Stück á 150 g*
● *Hühnereier, 2 Stück*

Obst und Gemüse

- *Äpfel, 3 Stück*
- *Birne, 1 Stück*
- *Kiwi, 1 Stück*
- *Champignons, braun oder weiß, 200 g*
- *Eisbergsalat, 1 kleiner Kopf*
- *Feldsalat, 150 g*
- *Gemüsezwiebel, 1 Stück*
- *Gewürzgurken, 5 Stück*
- *Kohlrabi, 2 Stück*
- *Radieschen, 1 Bund*
- *Salatgurke, 1 Stück*
- *Sherrytomaten, ca. 10 Stück*
- *Spargel, 1 kg*
- *Spitzkohl, 1 kleiner Kopf*
- *Tomaten, 2 Stück*

Das benötigen Sie zusätzlich

- *Hartweizen-Grieß, 1 Packung*
- *Geröstete Zwiebeln, 1 Becher*
- *Salatcreme oder Mayonnaise 15 % Fett, 1 Glas á 250 g*
- *Pizza Margarita TK 5 % Fett, 1 Stück á 300 g*
- *Pommes Frites TK (3–5 % Fett), 1 Packung klein*
- *Zuckermais, 1 kleine Dose (Abtropfgewicht ca. 130 g)*

Wocheneinkaufslisten zum heraustrennen auf den Seiten 121–124

Frühstück | Cornflakes mit Obstmischung

Zutaten:
75 g Obstmischung, TK
4 EL Cornflakes
150 g Dickmilch
2 TL Zucker

So wird's gemacht
Obstmischung in eine Schale geben, etwas antauen lassen, mit Zucker bestreuen. Cornflakes und Dickmilch darüber geben.

Snack

Zutaten:
1 EL Kräuterquark
1 Kohlrabi

So wird's gemacht
Kohlrabi in Scheiben schneiden, in Kräuterquark dippen.

22. TAG

Abendessen | Putenbrustbrot

Zutaten:
1 Scheibe Vollkorn- oder Mehrkornbrot
1 EL Salatcreme oder Mayonnaise
1 Scheibe Putenbrustaufschnitt (30 g)
1–2 Blätter Eisbergsalat
Kräuter nach Wahl

So wird's gemacht
Scheibe Brot mit Salatcreme oder Mayonnaise bestreichen, mit Putenbrust und Eisbergsalatblatt belegen. Nach Bedarf mit Kräutern garnieren.

Snack

- 30 g Schaumzuckerware

Bitte trinken Sie über den Tag verteilt mindestens 1 1/2 Liter kalorienfreie Getränke. (z. B. verschiedene Teesorten und Mineralwasser)

22. TAG

Mittagessen | **Hamburger mit Pommes**

Zutaten:

150 g Pommes Frites
80 g Rinderhack
Jodsalz, Pfeffer
Paprika
1 TL Speiseöl
1 Vollkorn- oder Mehrkornbrötchen
1 EL Senf
1 Blatt Eisbergsalat
1 EL geröstete Zwiebeln
1 Gewürzgurke
1 Tomate
1 EL Tomatenketchup

So wird's gemacht

1. *Pommes Frites im Backofen nach Packungsangabe zubereiten.*
2. *Hackfleisch mit Jodsalz, Pfeffer und Paprika kräftig abschmecken, zu einer Frikadelle in Brötchengröße formen.*
3. *Tomate und Gurke in Scheiben schneiden.*
4. *Brötchenhälften toasten. Eine Hälfte mit Senf bestreichen, die andere Hälfte mit Ketchup.*
5. *Frikadelle im heißen Speiseöl von beiden Seiten ca. 3–4 Minuten braten.*
6. *Frikadelle auf die untere Brötchenhälfte legen. Mit Salatblatt, Gurken- und Tomatenscheiben und gerösteten Zwiebeln belegen. Die obere Hälfte auflegen.*
7. *Hamburger auf einem Teller mit Pommes Frites servieren. Wer mag, kann Ketchup dazu essen.*

Frühstück | Brot mit Hüttenkäse

Zutaten:
- 1 Scheibe Vollkornbrot
- 1 EL Hüttenkäse
- 1 EL Honig oder Zuckerrübensirup, Konfitüre oder Apfel- oder Birnenkraut

- 150 ml Kaffee
- 50 ml Milch
- 1 TL Zucker

So wird's gemacht

1. *Scheibe Vollkornbrot mit Hüttenkäse und einem süßen Aufstrich nach Wahl bestreichen.*
2. *Aus Kaffee, Zucker und Milch einen Cappuccino oder Milchkaffee bereiten.*

Snack ■ 1 Birne

23. TAG

Mittagessen | Spitzkohl mit Apfelgemüse

Zutaten:
- 2 Kartoffeln
- 1 kleiner Kopf Spitzkohl
- 50 ml Gemüsebrühe
- 1 Apfel
- 1 Zwiebel
- 1 TL Butter
- Jodsalz
- Pfeffer
- 1/2 Bund Petersilie
- 1 Scheibe gekochten Schinken oder Lachsschinken (30 g)

So wird's gemacht

1. *Kartoffeln mit Schale in wenig Salzwasser garen.*
2. *Spitzkohl in Streifen schneiden, in Gemüsebrühe ca. 3 Minuten bissfest dünsten. Petersilie fein hacken und mit Spitzkohl vermengen. Abschmecken.*
3. *Zwiebel und Apfel in feine Würfel schneiden, in Butter ca. 4 Minuten dünsten. Mit Jodsalz und Pfeffer abschmecken.*
4. *Schinken in feine Streifen schneiden.*
5. *Kartoffel nach Bedarf pellen, mit Spitzkohl und Apfelgemüse auf einem Teller anrichten. Schinken darüber streuen.*

■ Becher Milchreis **Snack**

+ 1,5 l Tee oder Wasser trinken

23. TAG

Abendessen | **Schichtsalat**

Zutaten: für 2 Portionen

1 kleiner Kopf Eisbergsalat
1 Bund Radieschen
1 Gemüsezwiebel
1 Kohlrabi
100 g weiße oder braune Champignons
1 Salatgurke
1 Dose Zuckermais (Abtropfgewicht ca. 130 g)
1 Scheibe Putenbrustaufschnitt (30 g)
3 EL Käse, geraspelt
4 EL Salatcreme oder Mayonnaise

So wird's gemacht

1. *Eisbergsalat waschen, trocken schleudern. In Streifen schneiden. Radieschen, Champignons und Gurke in Scheiben schneiden. Kohlrabi schälen, in Streifen schneiden. Gemüsezwiebel in feine Ringe schneiden.*
2. *Putenbrust in Streifen schneiden. Mais im Sieb abtropfen lassen.*
3. *Nun das Gemüse schichten: Eisbergsalat, Radieschen, Gemüsezwiebel, Kohlrabi, Champignons, Salatgurke und Mais. Zwischen den einzelnen Schichten je 1 EL Salatcreme oder Mayonnaise geben und verteilen. Auf die letzte Salatschicht geraspelten Käse streuen.*
4. *Mindestens 1 Stunde durchziehen lassen.*
5. *Die Hälfte des Salates für den nächsten Tag kalt stellen.*

Tipp

- Der Salat lässt sich gut vorbereiten.

Frühstück | Toast mit Konfitüre

Zutaten:
2 Scheiben Vollkorntoast
1 EL Hüttenkäse
1 TL Honig oder
Zuckerrübensirup,
1 TL Konfitüre oder Apfel- oder Birnenkraut

So wird's gemacht
Beide Scheiben Vollkorntoast toasten, mit Hüttenkäse und süßem Aufstrich nach Wahl bestreichen.

Snack
- 1 Apfel

24. TAG

Abendessen | Schichtsalat

Zutaten:
Zweite Portion Schichtsalat vom Vortag

So wird's gemacht
Schichtsalat verspeisen.

Snack
- 1 Riegel Schokolade (20 g)

24.
TAG

Mittagessen | **Gemüsepizza**

Zutaten:
für 2 Personen

1 Pizza Margarita, TK
1 Zwiebel
100 g braune oder weiße Champignons
ca. 10 Sherrytomaten
2 Knoblauchzehen
4 EL Käse, geraspelt
Jodsalz, Pfeffer

So wird's gemacht

1. *Pizza auf ein mit Backpapier belegtes Backblech legen.*
2. *Zwiebel in Ringe schneiden. Champignons putzen und in Scheiben schneiden. Sherrytomaten halbieren. Knoblauch pressen oder in feine Scheiben schneiden.*
3. *Pizza mit dem Gemüse und Knoblauch belegen. Mit Jodsalz und Pfeffer würzen. Mit geraspeltem Käse bestreuen.*
4. *Pizza halbieren und die eine Hälfte bei 200 °C ca. 10 Minuten im Ofen backen.*
5. *Die andere Hälfte für den nächsten Tag kalt stellen.*

+ 1,5 l Tee oder Wasser trinken

Frühstück | Honigbrötchen

Zutaten:
1 Vollkorn- oder Mehrkornbrötchen
1 EL Butter oder Margarine
1 TL Honig oder Zuckerrübensirup,
1 TL Konfitüre oder Apfel- oder Birnenkraut

So wird's gemacht
Beide Brötchenhälften mit Butter und süßem Aufstrich nach Wahl bestreichen.

Snack
- 1 Stück Obstkuchen aus Hefeteig

25. TAG

Mittagessen | Gemüsepizza

Zutaten:
Zweite Hälfte Gemüsepizza vom Vortag

So wird's gemacht
Pizzahälfte im Backofen bei 200 °C ca. 10 Minuten backen.

+ 1,5 l Tee oder Wasser trinken

- 1 Kiwi

Snack

25. TAG

Abendessen | **Spargelsalat**

Zutaten: für 2 Portionen

1 kg Spargel
Jodsalz
Zitronensaft 1/2 Zitrone
3 EL Essig
1/2 Bund Schnittlauch, frisch oder TK
1 Hühnerei
1 Schalotte
Dressing:
Jodsalz
1 TL Zucker
1 EL Essig
1 EL Speiseöl

1. Spargel schälen, die unteren Enden abschneiden. Salzwasser mit Zitronensaft zum Kochen bringen.
2. Spargel ins kochende Wasser legen und ca. 10 Minuten bissfest kochen. Stangen herausnehmen und abtropfen lassen. 1/2 Liter des Spargelkochwassers mit 3 EL Essig vermengen und über den Spargel gießen. Ziehen lassen.
3. Hühnerei hart kochen, abkühlen lassen. Hühnerei und Schalotte schälen und in feine Würfel, Schnittlauch in feine Röllchen schneiden. Aus Jodsalz, Zucker, Essig und Speiseöl ein Dressing bereiten und kräftig abschmecken. Schalotte, Hühnerei und Schnittlauch unterheben.
4. Spargel abtropfen lassen, auf einem Teller anrichten und Dressing darüber träufeln.
5. Zweite Portion Spargelsalat für den nächsten Tag kalt stellen.

Tipp

- Der Spargelsalat lässt sich gut vorbereiten.

Frühstück | Joghurtmüsli

Zutaten:
4 EL Früchtemüsli
1 Becher Naturjoghurt
1 EL Trockenobst, gemischt
1 EL Sonnenblumen- oder Kürbiskerne

So wird's gemacht
1. *Früchtemüsli mit Naturjoghurt und Sonnenblumen- oder Kürbiskernen vermengen.*
2. *Trockenobst in kleine Stücke schneiden und über das Müsli streuen.*

Snack
- 1 Riegel Schokolade (20 g), z.B. Schokoladenei

26. TAG

Abendessen | Spargelsalat

Zutaten:
Zweite Portion Spargelsalat vom Vortag

So wird's gemacht
Spargelsalat verspeisen.

Snack
- 60 g Schaumzuckerware, z.B. Marshmallows

+ 1,5 l Tee oder Wasser trinken

26. TAG

Mittagessen | **Scholle mit Kräuterdressing**

Zutaten:

3 Kartoffeln
1 küchenfertige Scholle
Zitronensaft
Jodsalz
Mehl
1 EL Speiseöl
Dressing:
1/2 Packung Kräutermischung, TK
1 Schalotte
1/2 TL Speiseöl
2 EL Essig
Jodsalz, Pfeffer

So wird's gemacht

1. *Kartoffeln mit Schale in wenig Salzwasser garen.*
2. *Schalotte fein würfeln, im heißen Speiseöl glasig dünsten, abkühlen lassen. Aus Kräutermischung, Essig, Jodsalz und Pfeffer ein Dressing bereiten. Kräftig abschmecken.*
3. *Scholle gründlich waschen und trocken tupfen. Beide Seiten mit Zitronensaft beträufeln, salzen und in Mehl wenden.*
4. *Scholle im heißen Speiseöl von beiden Seiten bei mittlerer Hitze jeweils ca. 5–10 Minuten braten.*
5. *Scholle und Kartoffeln auf einem Teller anrichten. Dressing über die heiße Scholle geben.*

Frühstück | Cornflakes mit Joghurt

Zutaten:
- 4 EL Cornflakes
- 1 Becher Naturjoghurt
- 1 TL Zucker
- 1 EL Sonnenblumen- oder Kürbiskerne
- 2 EL Trockenobst, gemischt

So wird's gemacht

1. *Cornflakes mit Naturjoghurt und Sonnenblumen- oder Kürbiskernen und Zucker vermengen.*
2. *Trockenobst in kleine Stücke schneiden und über das Müsli streuen.*

Snack
- 2 EL Trockenobst, gemischt

Abendessen | Feldsalat an Vinaigrette

27. TAG

Zutaten:
- 150 g Feldsalat
- 1 Schalotte
- 1 EL Speiseöl
- 2 EL Essig
- 2 EL Wasser
- 1 TL Zucker
- Jodsalz
- Pfeffer
- 2 Scheiben Knäckebrot oder
- 1 Scheibe Vollkorntoast

So wird's gemacht

1. *Feldsalat waschen und trocken schleudern. Einige Blätter für den nächsten Tag zur Seite legen.*
2. *Schalotte in feine Würfel schneiden.*
3. *Aus Speiseöl, Essig, Wasser, Zucker, Jodsalz und Pfeffer eine Vinaigrette bereiten. Schalotte dazu geben, kräftig abschmecken.*
4. *Kurz vor dem Anrichten die Vinaigrette über den Feldsalat geben.*
5. *Dazu Knäckebrot oder Toast essen.*

+ 1,5 l Tee oder Wasser trinken

Tipp
- Einige Blätter Feldsalat für den nächsten Tag zurücklegen.

Snack

Zutaten:
- 2 Scheiben Knäckebrot
- 1 TL Butter
- 2 TL Honig

So wird's gemacht

Knäckebrot mit Butter und Honig bestreichen.

27. TAG

Mittagessen | **Grießbrei mit Obst**

Zutaten:

300 ml Liter Milch
2 EL Zucker
1 Prise Jodsalz
2 EL Hartweizen-Grieß (30 g)
75 g Obstmischung, TK
3 TL Zucker

3 Kartoffeln

So wird's gemacht

1. *Milch mit Zucker und Jodsalz aufkochen lassen, Grieß unter Rühren in die Milch streuen. Vom Herd ziehen und Grieß gar quellen lassen.*
2. *Obstmischung in einen Topf geben, Zucker darüber streuen und kurz erwärmen.*
3. *Grießbrei in einen Schale füllen, Obstmischung darüber geben.*

4. *Kartoffeln mit Schale in Salzwasser garen. Abgießen und für den nächsten Tag kalt stellen.*

Tipp

- Die 3 Kartoffeln werden für die Bratkartoffeln am nächsten Tag benötigt.

28. TAG

Frühstück | **Süßer Toast**

Zutaten:
2 Scheiben Vollkorntoast
1 EL Butter oder Margarine
1 TL Honig oder Zuckerrübensirup,
1 TL Konfitüre oder Apfel- oder Birnenkraut

So wird's gemacht
Beide Toastbrotscheiben toasten, mit Butter und süßem Aufstrich nach Wahl bestreichen.

Snack
- 1 Apfel

Abendessen | **Putensandwich**

Zutaten:
3 Scheiben Vollkorntoast
1 EL geröstete Zwiebeln
1 EL Salatcreme oder Mayonnaise
einige Blätter Feldsalat (vom Vortag)
1 Scheibe Putenbrustaufschnitt (30 g)
1-2 Tomaten
1/2 Bund Schnittlauch

So wird's gemacht
1. *Vollkorntoast toasten, mit Salatcreme oder Mayonnaise bestreichen und die Scheiben diagonal durchschneiden.*
2. *Zwei Toasthälften mit Putenbrust, gerösteten Zwiebeln und einigen Salatblättern belegen. Je eine Toasthälfte darüber legen.*
3. *Weiterhin Tomatenscheiben, geröstete Zwiebeln und Salatblätter auf die zubereiteten Toastscheiben legen.*
4. *Mit den restlichen beiden Toasthälften abdecken. Auf einem Teller anrichten.*

Snack

Zutaten:
1 Früchtemüsliriegel
50 ml Apfel- oder Birnensaft
100 ml Mineralwasser

So wird's gemacht
Aus Apfelsaft und Mineralwasser eine Apfelschorle bereiten.

28. TAG

Mittagessen | **Bratkartoffeln mit Ei**

Zutaten:

3 Pellkartoffeln vom Vortag
1 Zwiebel
1 TL Speiseöl
1 Scheibe Kochschinken oder Lachsschinken (30 g)
Jodsalz, Pfeffer
1 Hühnerei
4 EL Milch
4 Gewürzgurken
Kräuter nach Wahl

So wird's gemacht

1. *Kartoffeln vom Vortag pellen und in Scheiben schneiden.*
2. *Zwiebel in Ringe schneiden und im heißen Öl anbraten, herausnehmen. Kartoffelscheiben in die Pfanne geben und kräftig braten bis sie knusprig sind. Zwiebel dazu geben.*
3. *Hühnerei und Milch verquirlen und mit Jodsalz und Pfeffer würzen, über die Kartoffeln geben. Herd ausstellen, Deckel auf die Pfanne legen und die Eiermilch stocken lassen.*
4. *Kochschinken oder Lachsschinken in feine Streifen schneiden.*
5. *Bratkartoffeln mit Schinkenstreifen und Gewürzgurken auf einem Teller anrichten. Kräuter über die Bratkartoffeln streuen.*

+ 1,5 l Tee oder Wasser trinken

Herzlichen Glückwunsch!

Vier Wochen lang haben Sie erfolgreich nach den Tagesplänen gegessen. Auf der Waage hat sich einiges getan. Sie haben sicher sehr positiv bemerkt, dass Sie in den letzten Wochen auf kaum etwas verzichten mussten. Die Diätpläne der ersten 28 Tage waren extra so zusammengestellt, dass Genuss groß geschrieben blieb: Kuchen, Kekse, Knabbereien wie auch Süßigkeiten waren von vornherein mit eingeplant.

Die vier Wochen „Essen nach Plänen" gehen nun zu Ende. Am Ende einer „Diät" stellt sich immer die entscheidende Frage: Und was nun? Eines ist klar: Essen wie vorher und eine weiterhin inaktive Lebensgestaltung führen beinahe gesetzmäßig zum gefürchteten Jo-Jo-Effekt. Dann wäre der schöne Erfolg in kurzer Zeit wieder dahin.
Auch etwas anderes funktioniert nur in seltenen Ausnahmefällen: Fortwährend nach den Plänen essen. Natürlich könnten Sie wieder mit der ersten Woche starten usw. Was beim ersten Mal noch hervorragend klappt, funktioniert beim zweiten Mal schon weniger gut und beim dritten Mal nacheinander kaum noch. Das liegt nicht daran, dass die Diätpläne schlecht sind, vielmehr hält man sich bei Wiederholungen langfristig immer weniger an enge Vorgaben. War dann auch die Gute-Laune-Diät vergebens, so wie viele andere auch? Nein, denn in den nächsten vier Wochen werden Sie Schritt für Schritt erfahren, wie Sie Ihr Gewicht halten oder sogar noch weiter abnehmen können.

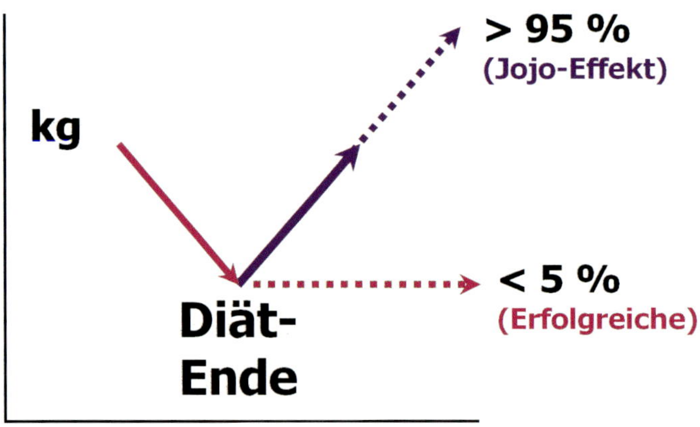

Die meisten Diäten führen zum Jo-Jo-Effekt!

Was machen Erfolgreiche anders?

Natürlich beschäftigen sich Wissenschaftler weltweit mit dem immer schwergewichtigeren Problem des Übergewichts und haben viele Jahrzehnte geforscht, wie man möglichst effektiv abnehmen kann. Bald schon hat sich jedoch herauskristallisiert, dass nicht das Abnehmen das eigentliche Problem ist, sondern die fast gesetzmäßig darauf folgende Wiederzunahme, nachdem die Pfunde erst mal runter sind.

Dieses Phänomen ist als „Jo-Jo-Effekt" allen Diätgeplagten gut bekannt. Oftmals kehren die Pfunde sogar mit Zinsen wieder zurück.

Erfolgreiche wählen für fettreiche Lebensmittel fettarme Alternativen aus

In den letzten Jahren hat sich der Forschungsschwerpunkt in der Wissenschaft verändert. Zur zentralen Frage wird immer mehr die Vermeidung des Jo-Jo-Effekts. In anderen Worten: „Wie man nach einer Gewichtsabnahme das Gewicht langfristig halten kann."

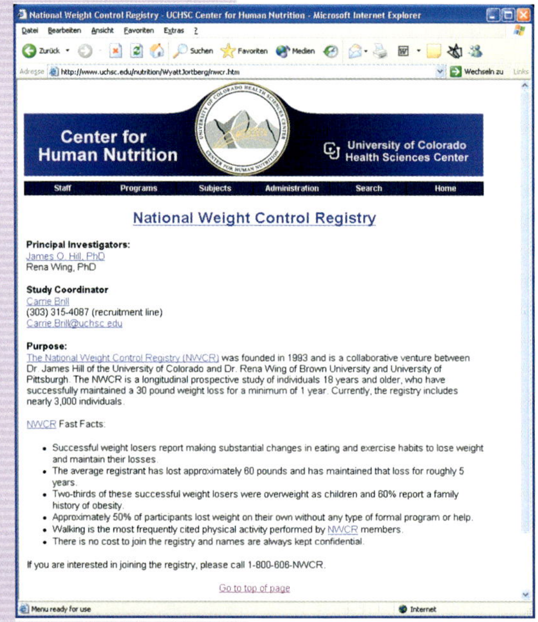
National Weight Control Registry - UCHSC Center for Human Nutrition - Microsoft Internet Explorer

http://www.uchsc.edu/nutrition/WyattJortberg/nwcr.htm

Center for Human Nutrition

University of Colorado Health Sciences Center

Staff | Programs | Subjects | Administration | Search | Home

National Weight Control Registry

Principal Investigators:
James O. Hill, PhD
Rena Wing, PhD

Study Coordinator
Carrie Brill
(303) 315-4087 (recruitment line)
Carrie.Brill@uchsc.edu

Purpose:
The National Weight Control Registry (NWCR) was founded in 1993 and is a collaborative venture between Dr. James Hill of the University of Colorado and Dr. Rena Wing of Brown University and University of Pittsburgh. The NWCR is a longitudinal prospective study of individuals 18 years and older, who have successfully maintained a 30 pound weight loss for a minimum of 1 year. Currently, the registry includes nearly 3,000 individuals.

NWCR Fast Facts:

- Successful weight losers report making substantial changes in eating and exercise habits to lose weight and maintain their losses.
- The average registrant has lost approximately 60 pounds and has maintained that loss for roughly 5 years.
- Two-thirds of these successful weight losers were overweight as children and 60% report a family history of obesity.
- Approximately 50% of participants lost weight on their own without any type of formal program or help.
- Walking is the most frequently cited physical activity performed by NWCR members.
- There is no cost to join the registry and names are always kept confidential.

If you are interested in joining the registry, please call 1-800-606-NWCR.

Go to top of page

Die Universität von Colorado hat die Gewichtskontrollkartei gegründet

Amerikanische Forscher an der Universität von Colorado in Denver kamen 1993 auf die Idee, im ganzen Land nach den (wenigen) Menschen zu suchen, die erfolgreich abgenommen und danach nicht wieder zugenommen haben. Über Zeitungen, Rundfunk und Fernsehen werden seither alle Erfolgreichen, die eine Gewichtsabnahme von mehr als 14 kg über mehr als 1 Jahr halten, aufgerufen, eine kostenlose Telefonnummer anzurufen und sich in der so genannte Gewichtskontrollkartei (National Weight Control Registry) registrieren zu lassen. In der Zwischenzeit haben sich mehr als 3.000 Erfolgreiche gemeldet. Die durchschnittliche Gewichtsabnahme, die diese Erfolgreichen seit Jahren halten, liegt bei etwa 30 kg! So ist die Gewichtskontrollkartei gewissermaßen eine Sammlung der Super-Erfolgreichen.

Diese Erfolgreichen wurden daraufhin von den Wissenschaftlern untersucht, mussten Fragebögen ausfüllen, Telefoninterviews machen und Esstagebücher führen. Mit großer Spannung wurde ausgewertet: Was machen die wenigen Erfolgreichen anderes als die 99 Prozent, die wieder zunehmen?

Erstes Ergebnis: Sie essen anders. Im Vergleich zu den Erfolglosen mehr Kohlenhydrate (ca. 55 % der Kalorien) und weniger Fett (ca. 25 % der Kalorien). Darauf kommen wir in Woche 5 und 6 noch ausführlich zu sprechen.

Zweites Ergebnis: Die Erfolgreichen sind im Alltag und in Form von Sport deutlich aktiver als die Erfolglosen. Sie verbrennen jede Woche fast 2.500

–3.000 Kalorien durch Aktivität. Zusammen mit den geänderten Essgewohnheiten garantiert dies über Jahre den Erfolg auf der Waage. Aktivität wird Thema von Woche 7 sein.

Damit sind die langfristigen Ziele für all diejenigen klar, die zu den Erfolgreichen gehören wollen: maßvoll Fett auf dem Speiseplan und viel Aktivität im Alltag. Ganz so drakonisch wie die Super-Erfolgreichen in der Gewichtskontrollkartei müssen Sie es aber nicht angehen, denn nicht jeder muss 30 kg abnehmen. Dennoch können auch diejenigen, bei denen es „nur" um 2–10 kg geht, von den Erfahrungen und Strategien der Super-Erfolgreichen profitieren.

Die groben Ziele sind nun klar, noch nicht klar ist aber: „Was muss ICH tun, um diese Ziele zu erreichen?" Was SIE in der Praxis tun können, um auch zu den Erfolgreichen zu gehören, werden Sie Schritt für Schritt in den nächsten vier Wochen erfahren. In dieser und der nächsten Woche geht es um das kluge Essen, in der dritten um ein aktives Leben und in der vierten schließlich um unsere Ziele und Vorsätze.

Erfolgreiche machen Sport und sind im Alltag aktiver!

Praxistipps für den richtigen Einkauf

Erfolgsschritt 1:
Fett mit Augenmaß

Die Nationale Verzehrsstudie hat herausgefunden, dass Deutsche ca. 40 % ihrer Nahrungsenergie in Form von Fett essen, das sind täglich etwa 80 bis 120 g Fett. So viel Energie kann unser Körper nur bei schwerer Arbeit oder viel Sport verbrauchen. Andernfalls landet ein Teil der verspeisten Energie auf den Hüften und am Bauch: Als Brennstoff für die nächste Notzeit, die hoffentlich – oder leider – nicht kommen wird.

Die erfolgreich Schlanken hingegen verspeisen weit weniger, ca. 25 % der Nahrungsenergie in Form von Fett, das sind etwa 40–80 g Fett am Tag. Diese Menge wird locker verbrannt und stellt keine Gefahr für die Figur dar.

Halbfett-Butter oder Halbfett-Margarine sparen 11 kg Fett im Jahr, wenn man pro Tag 5 Scheiben Brot mit Streichfett isst!

Fett steckt in fast allen Lebensmitteln, in einigen in konzentrierter Form, z. B. in Streichfetten und Ölen, in anderen hingegen sind nur ganz geringe Mengen vorhanden, z. B. in Haferflocken, den meisten Obst- und Gemüsearten. Bei Lebensmitteln wie Fleisch, Wurst und Milchprodukten gibt es sowohl fettreiche als auch fettarme Lebensmittel innerhalb derselben Lebensmittelgruppe. Zur Gewichtsabnahme und zum Gewichthalten sind diejenigen Lebensmittel aus diesen Gruppen am besten geeignet, die von Natur aus fettarm sind oder durch moderne Rezepturen oder Herstellungsverfahren auch fettreduziert angeboten werden.

Kaum ein Übergewichtiger weiß, wie viel Fett er verspeist. Darum ist es sinnvoll, wenn Sie Ihre Essgewohnheiten einmal überprüfen. Dabei kommt es nicht darauf an, gerade an den Räucherlachs oder das Tiramisu zu denken, das Sie am letzten Geburtstag genossen haben. Es geht um fettreiche Lebensmittel, die täglich verzehrt werden. Sie fallen viel mehr ins Gewicht als die seltene Ausnahme. Glücklicherweise gibt es meist fettarme Alternativen zu diesen Lebensmitteln.

Neben der Verwendung von fettarmen Streichfett-Alternativen kann auch der Austausch fettreicher Brotbeläge gegen von Natur aus fettarme Alternativen helfen, pro Tag zusätzliches Fett einzusparen. Natürlich gilt das besonders für diejenigen, die tatsächlich jeden Tag mehrere Brotscheiben oder Brötchen mit fettem Belag essen.

Erfolgsschritt 2:
Mit Kohlenhydraten genussvoll fit und satt werden

Lange Zeit hielt sich das Vorurteil, kohlenhydratreiche Lebensmittel, wie Kartoffeln, Nudeln, Brot und Zucker, seien Dickmacher. Sie haben die erfreuliche Nachricht schon vernommen: Kohlenhydrate sind keine Dickmacher, sondern Fittmacher!

Essen Sie Kohlenhydrate, greifen Sie zu bei Gemüse, Brot, Kartoffeln, Nudeln, Obst, Salat und – wenn Sie wollen – auch beim Zucker. Es gibt fettfreie Süßigkeiten, die nicht ins Gewicht fallen: Gummibärchen, Buchstaben-Kekse, Fruchtbonbons, Lakritz, Konfitüre, Honig und natürlich Zucker selbst. Das alles sind Genussmittel, die die Fettzellen nicht belasten, wenn man sich ausreichend bewegt! Kohlenhydrate – und Zucker ist auch ein Kohlenhydrat – werden bevorzugt verbrannt, Fett bevorzugt gespeichert. Darum gilt auch hier: Mit Augenmaß genießen, aber ohne Angst vor der Gewichtszunahme.
In den ersten Wochen der Diät mussten Sie daher auch nicht auf diese Lebensmittel verzichten. Sie waren eingeplant und haben Ihre Gewichtsabnahme nicht behindert.

Fettarme Alternativen beim Brotbelag sparen zusätzliches Fett

Übrigens: Fruchtsäfte, Cola und Limonaden sind auch fettfrei. Darum ist gegen ein Glas Saft oder Limo nichts einzuwenden, doch bei mehreren Litern am Tag kann sehr viel Energie zusammenkommen. Freunde süßer Getränke sollten sich daher besser eine Fruchtsaftschorle selbst mixen.

Andere Kohlenhydrate, die viele lebenswichtige Nährstoffe mitbringen, schmecken nicht süß, denn sie bestehen zu einem großen Teil aus Stärke. Dazu gehören z. B. Kartoffeln, Nudeln und Brot. Sie sättigen gut (pro Kalorie viel besser als Fett!) und können hervorragend schmecken. Das sind die Lebensmittel zum genussvollen Sattwerden – ohne Risiko. Der Figur zu Liebe: Greifen Sie hier zu, guten Appetit!

Praxistipps für den richtigen Einkauf

Körniger Frischkäse – unter Konfitüre sehr lecker

Die konkreten Aufgaben für die 5. Woche

In 10 Praxistipps erfahren Sie, wie leicht die richtige Auswahl beim Einkaufen ist. Ihre Aufgabe für diese Woche: Testen Sie die ersten 4 Praxistipps und finden Ihre Alternativen, mit denen Sie bei Streichfett (Tipp 1), Wurst (Tipp 2) und Käse (Tipp 3) viel Fett sparen können. Genießen Sie dazu Obst und Gemüse nach Belieben mit der 5 am Tag-Checkliste (Tipp 4). 6 weitere Praxistipps für den klugen Einkauf erwarten Sie in der nächsten Woche. So trainieren Sie Woche für Woche das Rezept der Erfolgreichen.

10 PRAXISTIPPS:
Klug einkaufen und jede Menge Fett sparen

Tipp 1 | Butter und Margarine

Unser Beispiel auf Seite 78 hat gezeigt, wie durch tägliche Essgewohnheiten allein durch die Verwendung von Halbfett-Varianten, z. B. bei Streichfett, viel Fett eingespart werden kann! Aber es gibt noch viele andere Möglichkeiten, figurbewusste Alternativen zu wählen. Wir haben im Folgenden einige Alternativen zusammengestellt, die Sie in der nächsten Woche einmal testen können. Sicher sind nicht alle nach Ihrem Geschmack, aber das ist nicht schlimm. Probieren Sie selbst und finden Sie Ihre persönlichen Favoriten.

Bevorzugen Sie z. B.	*als*
Halbfett-Butter	*Streichfettersatz*
Halbfett-Margarine	*Streichfettersatz*
Brotaufstrich 24 % Fett	*Streichfettersatz*
Frischkäse	*Streichfettersatz*
Saure Sahne 10 % Fett	*Streichfettersatz*
Schmand 20–24 % Fett	*Streichfettersatz*
Speisequark div. Fettstufen	*Streichfettersatz*
Cremequark 0,1 % Fett	*Streichfettersatz*
Körniger Frischkäse	*Streichfettersatz*
Majonäse light	*Streichfettersatz würzig*

Kochschicken (Hinterschinken) und Geflügelwurst – fettarmer Genuss

Tipp 2 | Fleisch- und Wurstsorten

Generell gilt: Die meisten Wurstsorten enthalten heute weniger Fett als noch vor einigen Jahren. Auch der Fettgehalt in Fleisch ist durch moderne Zucht- und Mastmethoden sowie durch einen veränderten Zuschnitt zusätzlich gesunken. Besonders fettarm sind Huhn, Pute und magere Stücke von Rind und Schwein. Es ist heute zeitgemäß, den Fettrand von Fleisch und Schinken abzuschneiden und so den Fettgehalt selbst maßgeblich zu reduzieren. Durchwachsenes Fleisch ist mäßig fettreich, marmoriertes fettärmer und schieres Muskelfleisch sehr fettarm. Bei Rind- und Schweinefleisch kann man gut mit dem Auge auswählen. Filet-, Steak-, Schnitzel-, Rouladen- und Gulaschfleisch sind meist eine fettarme Wahl. Auch Geflügelfleisch (Hähnchen, Pute) zählt zu den fettarmen Sorten, wenn es ohne Haut verwendet wird. Bei den Wurstsorten variiert der Fettgehalt stark. Bei fettreicheren Sorten wie Leberwurst oder Teewurst unterscheiden sich die einzelnen Produkte innerhalb der Produktgruppe im Fettgehalt, so enthält z.B. grobe Leberwurst im Schnitt 29 g Fett, eine magere Leberwurst 21 Gramm pro 100 Gramm.

Bevorzugen Sie z.B.	*als*
Fettreduzierte Streichwurst	*Brotbelag*
Salami light mit viel magerem Fleisch, Geflügelsalami	*Brotbelag*
Deutsches Corned Beef	*Brotbelag*
Geflügelwurst	*Brotbelag*
Wurst mit Gemüseanteil (z.B. Geflügelfleisch oder Hinterschinken in Aspik mit Gemüse)	*Brotbelag*
Gekochten Schinken (Hinterschinken)	*Brotbelag*
Fettarme Würstchen	*Snack*

Praxistipps für den richtigen Einkauf

Tipp 3 | Käse

Der Fettgehalt von Käse? Ganz schön verwirrend! Entweder findet sich auf der Verpackung die Angabe der Fettgehaltsstufe, z.B. Rahmstufe oder Magerstufe. Die zweite Möglichkeit ist die Angabe „Fett in Trockenmasse“ (Fett i. Tr.). Beide Angaben sind eindeutig: So ist die Angabe Rahmstufe gleichbedeutend mit mindestens 50 % Fett i.Tr., die Angabe Magerstufe mit einem Fettgehalt von weniger als 10 % Fett i.Tr. Die Bezeichnung der Fettgehaltsstufe und die zugehörige Menge Fett i.Tr. sind gesetzlich geregelt.

Einige Hersteller geben zusätzlich den absoluten Fettgehalt an. Käse besteht aus Trockenbestandteilen (u.a. Fett und Eiweiß aus der Milch) und Wasser. Da Käse im Laufe der Reifung und Lagerung Wasser verdunstet und so an Gewicht verliert, ist die offizielle Angabe Fett i.Tr. genauer, denn sie bezieht sich nur auf den unveränderlichen Trockenanteil. Je höher der Fettgehalt in diesem Trockenanteil und je niedriger der Wassergehalt eines Käses ist, desto höher ist auch sein absoluter Fettgehalt.

Achten Sie beim Einkaufen auf den Fettgehalt des Käses

Bevorzugen Sie z.B.	als
Käse mit 30 % Fett i. Tr.	Brotbelag
Camembert 30 % Fett i. Tr.	Brotbelag
Sauermilchkäse	Brotbelag
Schmelzkäsescheiben light	Brotbelag
Schmelzkäse 20 % Fett i. Tr.	Brotbelag
Frischkäse light	Brotbelag
Buttermilch-Frischkäse	Brotbelag

Für Schnittkäse wie Edamer und Deutscher Gouda gilt: knapp 50 % Wasseranteil. Daher liegt der absolute Fettgehalt etwas mehr als halb so hoch wie die Angabe Fett i. Tr. So entsprechen 48 % Fett i. Tr. etwa 28 Gramm Fett pro 100 Gramm.

Je höher der Wasseranteil eines Käses ist, desto weicher wird der Käse. Viel Wasser = weniger Fett. Weichkäse liegen daher im absoluten Fettgehalt unter Schnittkäsesorten der gleichen Fettstufe in der Trockenmasse. Sehr wasserreich ist Quark. Sein tatsächlicher Fettgehalt liegt wesentlich unter dem aufgedruckten Fettgehalt in der Trockenmasse (etwa ein Drittel bis ein Viertel davon).

Fettreduzierte Schnittkäse-Varianten haben meist die Fettstufe 30 % Fett i. Tr. Ihr Absolutfettgehalt liegt bei 15 % – 17 %. Durch den niedrigeren Fettgehalt sind die fettreduzierten Sorten bei Kühlschranktemperatur fester als die normalfetten Sorten. Für den optimalen Genuss ist es wichtig, fettreduzierten Käse frühzeitig aus dem Kühlschrank zu nehmen. So kann er sein Aroma am besten entfalten.

Sollte der Absolutfettgehalt nicht auf der Käsepackung abgedruckt sein, dann finden sie ihn für die meisten Käsesorten in **Kalorien mundgerecht**, einem Nachschlagewerk für die wichtigsten Lebensmittel und deren Nährwertgehalte **(siehe Lesetipps)**.

Testen Sie nun die vielen Tipps, mit fettärmeren Käsesorten Fett zu sparen. Bleiben Sie bei den fettarmen Alternativen, die Ihnen am besten schmecken.

Praxistipps für den richtigen Einkauf

Tipp 4 | Obst und Gemüse

Frisches Obst und Gemüse sind fettfrei, dafür reich an Nährstoffen und können nach Belieben verzehrt werden. Wer viel Obst und Gemüse isst, spart Fett und verschafft sich nicht nur auf der Waage einen Vorteil. Obst und Gemüse haben eine allgemeine gesundheitsfördernde Wirkung. Diese ist auch von der Deutschen Krebsgesellschaft in der Gesundheitskampagne 5 am Tag aufgegriffen worden.

Wissenschaftliche Studien belegen nämlich, dass das Risiko von Krebs- oder anderen Zivilisationserkrankungen (z. B. Herz-Kreislauf-Erkrankungen, Diabetes mellitus, Gicht, Rheuma, Osteoporose) durch den Verzehr von mindestens 5 Portionen Obst und Gemüse pro Tag gesenkt werden kann. Das Ziel von 5 am Tag (www.5amtag.de) ist es, die Gesundheit der Bevölkerung zu steigern, indem mehr Obst und Gemüse verzehrt wird (mindestens 5 Portionen pro Person und Tag):

„Haben Sie heute schon auf fünf gezählt? Fünf Portionen Obst und Gemüse sind die tägliche Maßeinheit für Gesundheit und Genuss. Denn schon fünf Mal Obst und Gemüse am Tag sind eine

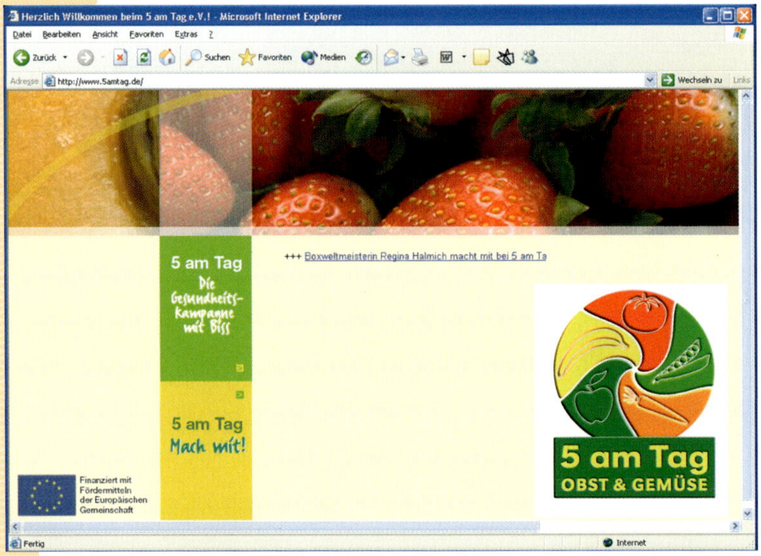

www.5amtag.de: Essen Sie 5 Portionen Obst und Gemüse am Tag

wirksame Gesundheitsvorsorge, wie zahlreiche Studien belegen. Ihrer Phantasie sind bei **5 am Tag** keine Grenzen gesetzt: Ob roh oder gegart, als Saft oder Salat, frisch vom Markt oder aus dem Tiefkühlfach – an Obst und Gemüse ist erlaubt, was schmeckt. Beschränkungen oder Essverbote gibt es keine, nur eine einfache Regel: Essen Sie jeden Tag mindestens zwei Portionen Obst und drei Portionen Gemüse!"

Da kann sich die Gute-Laune-Diät nur anschließen! Versuchen Sie, in dieser Woche MEHR Obst und Gemüse zu wählen. Es darf auch tiefgefroren, als Saft oder aus Dosen sein. Dazu führen Sie die Strichliste und machen für jede Portion Obst oder Gemüse (etwa 125 g je Portion) einen Strich. Toll wäre es, wenn Sie im Schnitt auf 5 Portionen am Tag kommen. Dann wären 35 Portionen das Ziel für die ganze Woche. Schauen Sie in den Saisonkalender, welche Obst- und Gemüsearten gerade frisch geerntet werden.

Übrigens: Auch ein Glas Apfelsaft (100 % Frucht) oder Gemüsesaft zählt bereits als eine Portion.

Obst: Greifen Sie nach Belieben zu!

Praxistipps für den richtigen Einkauf

125 g Obst sind etwa 2 Hände voll

Die 5 am Tag-Checkliste für Woche 5	
Tag	***Bitte 1 Strich pro Portion (ca. 125 g) Obst/Gemüse machen***
Montag	
Dienstag	
Mittwoch	
Donnerstag	
Freitag	
Samstag	
Sonntag	

(125 g sind etwa ein bis zwei Hände voll)

Welches Obst und Gemüse hat gerade Saison?

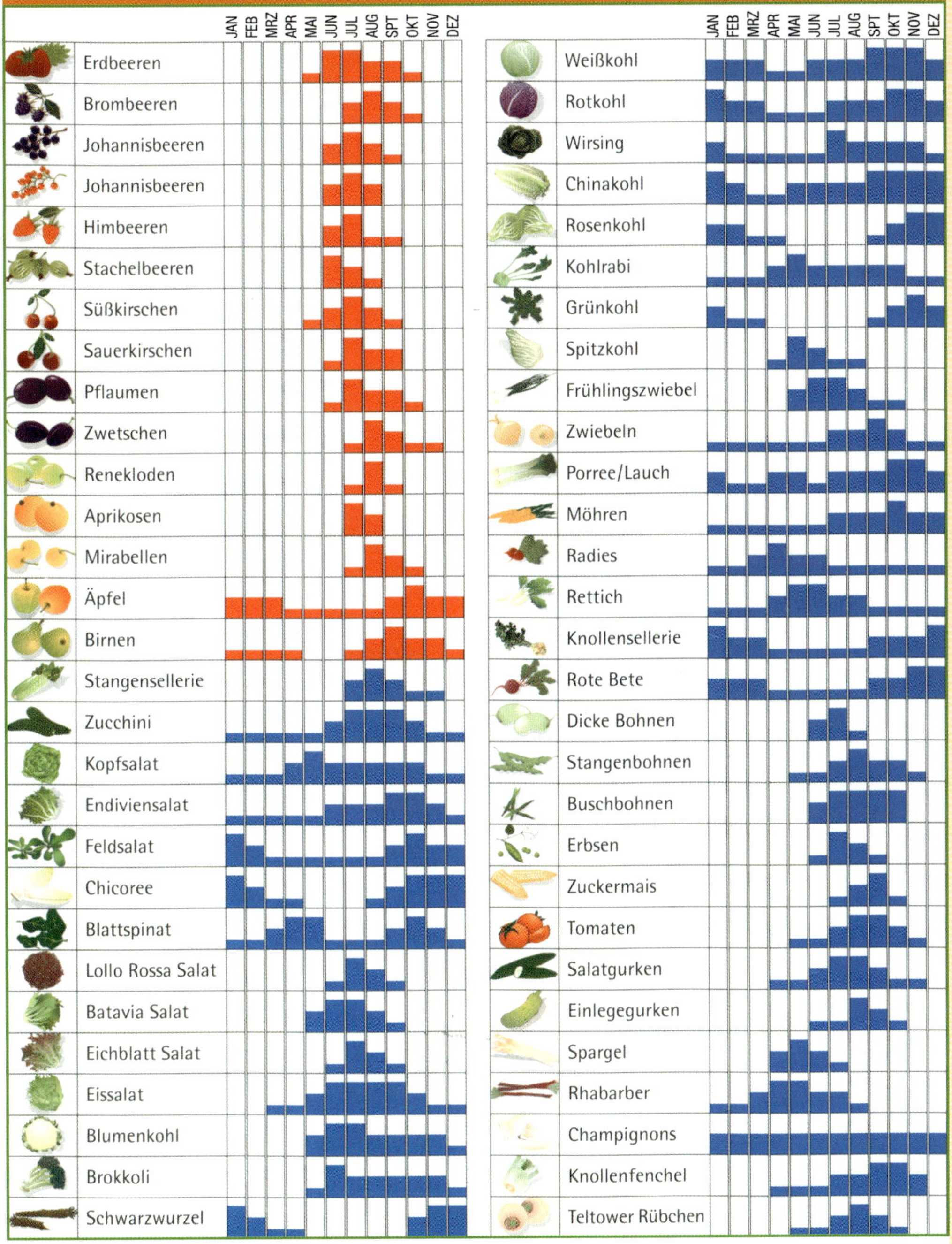

Checkliste für Woche 5

- *Versuchen Sie in dieser Woche beim Einkaufen für fettreiche Lebensmittel fettärmere Alternativen zu finden (Tipp 1–3).*
- *Trennen Sie die 5 am Tag-Checkliste heraus und essen möglichst so viel Obst und Gemüse, dass am Ende der Woche 35 Striche zusammengekommen sind (Tipp 4). Das heißt, Sie sollen hiervon sogar richtig viel essen! Viel Spaß!*

Den Einkauf perfektionieren!

Welche Erfahrungen haben Sie in der letzten Woche beim Testen der Alternativen gemacht? Haben Sie einige Lebensmittel durch fettärmere ersetzt? Manche Vorschläge werden bestimmt keine Alternativen für Sie gewesen sein, denn nicht alle Vorschläge sind jedermanns Geschmack. Entscheidend für Ihren Langzeit-Erfolg ist, dass Sie ein paar Ihrer Einkaufs- und Kochgewohnheiten ändern. Einige – nicht alle!

Die gelegentlich verspeisten Lebensmittel zählen kaum, diejenigen, die Sie tagtäglich essen, zählen stark. Darum macht es am meisten Sinn, für diese Alltags-Lebensmittel Alternativen zu finden. Die Menschen in Deutschland verzehren das meiste Fett in Form von Streichfetten, Ölen, fettreichem Fleisch, fettreicher Wurst, fettreichen Käsesorten und fettreichen Milchprodukten. Besonders in diesen Produktgruppen ist es daher wichtig, die von Natur aus fettarmen Vertreter zu wählen.

In dieser Woche geht es um die anderen Lebensmittelgruppen. Diese sind zwar für den Durchschnitt der Bevölkerung nicht so relevant, können aber im Einzelfall doch sehr wichtige Fettquellen sein: Milch und Milchprodukte, Konfitüren und Brotaufstriche, Süßwaren, Snacks, Backwaren und Getränke. In der siebten Woche wird es mit aktivem Leben weitergehen.

Die wichtigsten Fettquellen

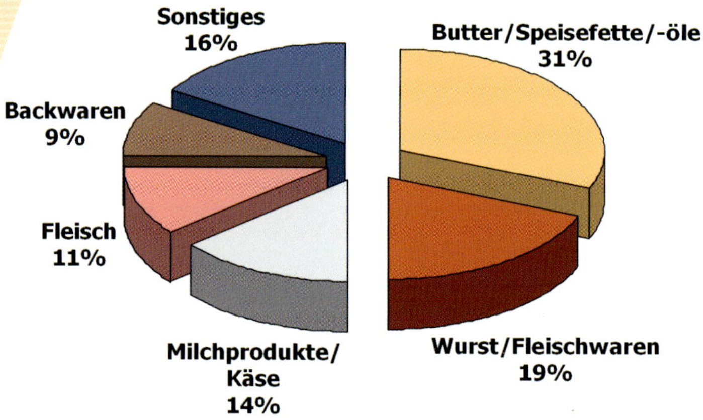

Tipp 5 | Milch und Milchprodukte

Milch, Joghurt und andere Milchprodukte machen die Suche nach den Alternativen einfach: Der Fettgehalt ist stets in Prozent auf der Packung angegeben. Milch selbst gibt es in drei Fettstufen: entrahmte Milch (0,3 % Fett), teilentrahmte Milch (1,5 % Fett) und Vollmilch (3,5 % Fett). Einige sog. Landmilch-Sorten liegen im Fettgehalt noch knapp über Vollmilch (3,8 % Fett).

Joghurt gibt es pur oder als Fruchtjoghurt. Auch hier werden verschiedene Fettgehaltsstufen unterschieden: Vollmilchjoghurt hat einen Fettgehalt von 3,5 %, fettarmer Joghurt von 1,5 % und Magermilchjoghurt enthält maximal 0,5 % Fett. Probieren Sie auch die vielen Alternativen für Sahne (30 % Fett) zum Kochen oder zum Kuchenbacken z. B. Schmand 20 – 24 % Fett, saure Sahne 10 % Fett, Kondensmilch 4 – 7,5 % Fett, Mischung aus halb Sahne/halb Milch. Frischkäse ist ein fettarmer Brotaufstrich, der auch pur hervorragend schmeckt. Selbst der fettreichste Frischkäse der „Doppelrahmstufe“ hat nur knapp 30 Gramm Fett pro 100 Gramm und damit weniger als viele andere Brotaufstriche.

Milchprodukte: Der Fettgehalt ist stets angegeben

Bevorzugen Sie z. B.	*zum*
Milch mit 1,5 % Fett	
Milch mit 0,3 % Fett	
Joghurt mit 1,5 % Fett	
Joghurt 0,3 % Fett	
Joghurt 0,1 % Fett	
Fruchtquark 0,1 % Fett	
Schmand 20–24 % Fett	*Kochen, Abschmecken*
Saure Sahne 10 % Fett	*Kochen, Abschmecken*
Kondensmilch 4–7,5 % Fett	*Kochen, Abschmecken*
Halb Sahne/halb Milch	*Kochen, Abschmecken*
Fettarmen Frischkäse „Sport“ oder „Light“	*Brot/Brötchen*
Quark in versch. Fettstufen	*Brot/Brötchen*

Den Einkauf perfektionieren!

Genießen Sie Schokocremes pur aufs Brot

Tipp 6 | Konfitüren, Honig und Brotaufstriche

Marmeladen, Konfitüren, Fruchtaufstriche und Honige sind fettfrei! Viele verschiedene Sorten mit unterschiedlichen Zucker- und Fruchtanteilen stehen zur Auswahl. Hier kann jeder nach Gusto entscheiden. Kein Fett – das ist der gute Teil der Botschaft.

Nuss- und Schokocremes enthalten 30–70 % Fett. Konfitüre und Co. sind also die fettärmeren Alternativen. Wer auf den Geschmack der beliebten Schokocremes und Nusscremes nicht verzichten möchte, tut aber gut daran, sie pur auf Brot oder Brötchen zu genießen.

Bevorzugen Sie z. B.	*als*
Konfitüre, Honig und Fruchtaufstriche	*Brotbelag*
Erdnussbutter pur aufs Brot	*Brotbelag*
Schokocremes pur aufs Brot	*Brotbelag*
Nusscremes/Nussmus pur aufs Brot	*Brotbelag*
Gemüse-Brotaufstriche pur aufs Brot	*Brotbelag*

Rechteckige Butterkekse: Eine fettarme Wahl

Tipp 7 | Süßwaren

Nimmt man den Durchschnitt aller Bundesbürger, dann treten Süßwaren als Fettquelle in den Hintergrund. Für den Durchschnittsbürger ist es daher auch entscheidender, Fett bei den relevanten Lebensmittelgruppen (siehe Abbildung am Anfang des Kapitels) zu sparen und nicht bei den seltener verzehrten Süßigkeiten. Richtige Süßigkeiten-Liebhaber, die tagtäglich bei Süßigkeiten zugreifen, haben aber gute Chancen, fettarm zu genießen.

Süß deutet zunächst auf Zucker hin und Zucker ist ein Kohlenhydrat. Kohlenhydrate werden verbrannt und sind für die geistige und körperliche Leistungsfähigkeit wichtig. Aber nicht alle Süßigkeiten bestehen nur aus Kohlenhydraten. Pralinen, Schokolade, Schokoriegel wie auch die meisten Kekssorten enthalten neben Zucker auch Fett. Oftmals sind sogar mehr Kalorien in Form von Fett als in Form von Zucker enthalten. Darum heißt es hier „Klug auswählen!“ und fettärmere Varianten bevorzugen. Diese schlanken Alternativen gibt es in Hülle und Fülle, Sie müssen auch hier "nur“ testen und entscheiden, ob diese für Sie eine echte Alternative sein können.

In Buchstabenkeksen steckt kaum Fett

Bevorzugen Sie z. B.
Weingummi, Fruchtgummi
Lakritz
Fruchtbonbons
Schaumzucker
Kaubonbons
Marshmallows
Russisch Brot
Biskuitgebäck
Sog. Butterkekse

Bei Keksen gibt es ein richtiges Kuriosum. Vom Namen her verheißt ein rechteckiger „Butterkeks" einen hohen Fettgehalt. In der Praxis sieht es aber – glücklicherweise – ganz anders aus. Gerade 9 bis 15 Prozent Fett enthalten diese Kekse und sind damit viel fettärmer als viele andere Kekssorten. Regelrecht fettfrei sind Buchstabenkekse, auch Russisch Brot genannt.

Tipp 8 | Snacks

Snacks sind würzige Knabbereien. Chips, Flips und Nüsse sind fettreicher als Salzstangen und -Brezeln. Aber auch bei den Snacks gibt es noch viel mehr Alternativen zum Ausprobieren.

Salzstangen und Brezeln – eine fettarme Wahl

Bevorzugen Sie z. B.	*als*
Salzstangen	*Snack*
Fettreduzierte Light-Chips	*Snack*
Brotchips	*Snack*
Trockenobst	*Snack*
Light-Cracker	*Snack*
Reis-Cracker	*Snack*
Popcorn	*Snack*
Apfelchips	*Snack*

Den Einkauf perfektionieren!

◀ *Rosinenbrötchen: Eine ideale fettarme Zwischenmahlzeit*

Tipp 9 | Backwaren

Brot und Brötchen aus Hefe- und Sauerteig sind keine nennenswerten Fettquellen. Der Belag ist fettmäßig viel entscheidender. Schneiden Sie das Brot möglichst dick und wählen Sie fettarme Beläge. Ein so belegtes Brot ist ein kohlenhydratreicher Fitmacher, der noch dazu lange satt hält.

Bei süßen Backwaren sind Hefeteilchen oder Biskuitkuchen meist eine gute Wahl. Viel Frucht auf einem Kuchen ist ein gutes Zeichen. So ist der Obstkuchen auf Pudding und Biskuitboden meist die richtige Wahl. Probieren Sie diese Alternativen bei Ihren nächsten Bäckerei- oder Konditoreibesuchen:

Bevorzugen Sie z.B.

- ***Obstkuchen***
- ***Puddingkuchen***
- ***Biskuitteig***
- ***Hefekuchen***

Obstkuchen: Viel Frucht, wenig Fett

Tipp 10 | Getränke

▸ Getränke – 1,5 Liter oder mehr sollen es sein

Getränke sind fast immer fettfrei! Mineralwasser, Fruchtsäfte, Fruchtnektare, Limonaden, Cola-Getränke, Eistees, Sportdrinks, Energiedrinks, Tees und Kaffee enthalten kein Fett. Mineralwasser, gesprudeltes Leitungswasser und Tees sollten Sie oft trinken, am besten 1,5 Liter oder mehr am Tag. Wählen Sie beim Mineralwasser eine Calcium-reiche Sorte. Scheuen Sie nicht vor einem Fruchtsaft oder einer Limonade zurück, weil diese Zucker enthalten. Wenn es nicht gleich ein Liter ist, fällt der Zucker nicht „ins Gewicht". Gleiches gilt für das Süßen von Tee und Kaffee.

Fetthaltige Ausnahmen sind Mischgetränke mit Sahne oder Milchzusatz. Hier heißt es, auf die Verpackung zu schauen, ob und wie viel Sahne/Fett enthalten ist. Der Fettgehalt von Kaffee und schwarzem Tee hängt von den verwendeten Verfeinerern Sahne, Kondensmilch, Milch oder Kaffeeweißer ab. Wenn Sie oft Kaffee oder Tee mit Milch/Sahne trinken, dann lohnt sich ein Blick auf den Fettgehalt. Sahne hat den höchsten Fettgehalt. Milch, egal welche Fettstufe, ist die fettärmere Alternative. Bei Kondensmilch haben Sie selbst die Wahl zwischen verschiedenen Fettstufen.

Wie es mit alkoholischen Getränken ist, erfahren Sie im Kapitel **Häufige Fragen zur Gute-Laune-Diät (FAQ)** unter der Frage **Was ist mit Alkohol?**

Checkliste für die Woche 6

- *Testen Sie die nächsten 6 Praxistipps und finden Ihre Alternativen, mit denen Sie bei Milchprodukten, Brotaufstrichen, Süßigkeiten, Snacks, Backwaren und Getränken richtig liegen. Mit Tipp 5–10 perfektionieren Sie Ihren Einkauf Schritt für Schritt.*
- *Nehmen Sie sich auch in dieser Woche beim Einkaufen mehr Zeit und schauen sich in Ihrem Supermarkt nach den genannten Alternativen um.*
- *Kaufen Sie einige dieser Alternativen und testen Sie so, was Ihnen gut schmeckt. Trainieren Sie auch in dieser Woche wieder nach dem Rezept der Erfolgreichen.*

Aktiv werden: eine Erfolgsgarantie!

Die Erfolgreichen mixen Sport mit einem aktiven Alltag

Willkommen zur siebten Woche!

Sie erinnern sich an die amerikanische Studie aus dem Kapitel **Gewichthalten – die Erfahrungen der Erfolgreichen nutzen:** Was machen die wenigen Erfolgreichen anderes als die 99 Prozent, die wieder zunehmen? Das Ergebnis war: 1. Sie essen anders. Viel Kohlenhydrate und maßvoll Fett. 2. Sie sind im Alltag und beim Sport deutlich aktiver als die Erfolglosen. Beides zusammen macht den langfristigen Erfolg auf der Waage aus.

Für das Gewicht zählt also nicht allein die Menge an Energie aus Fett, Kohlenhydraten, Protein und Alkohol, die wir tagtäglich durch den Mund als Energie „tanken", sondern auch die „Motorleistung" durch körperliche Bewegung. Wer aktiv ist, wird die Energie aus den verzehrten Lebensmitteln verbrennen und sogar die Fettspeicher an Bauch und Hüften einschmelzen, wenn über längere Zeit mehr Energie verbrannt als verzehrt wird.

Darum macht es natürlich Sinn, ein Gewichtsproblem am besten von beiden Seiten gleichzeitig anzugehen: Zum einen weniger Energie zu verspeisen (das haben Sie nun schon sechs Wochen intensiv trainiert!) und gleichzeitig die

Fettverbrennung ordentlich anzuheizen. Genau das ist ja auch das Rezept der Super-Erfolgreichen, die viel abgenommen haben und ihr Gewicht ganz ohne Jo-Jo-Effekt über viele Jahre halten.

Wie viel aktiver muss ich werden, um weiter abzunehmen und dann mein Gewicht zu halten? Die erfolgreichen Amerikaner in der Gewichtskontrollkartei verbrauchen im Durchschnitt 2500 bis 3000 Kalorien pro Woche für Aktivität im Alltag und Sport. Das sind etwa 4 Stunden Sport mit höherer Leistung (z. B. intensive Aerobic-Gymnastik, langsames Joggen, schnelleres Radfahren) oder 8 Stunden Aktivität mit geringer bis mittlerer Aktivität (flottes Spazierengehen, mäßiges Walking) in einer Woche. Die meisten Erfolgreichen sind 1–2 Stunden sportlich und 4–5 Stunden im Alltag pro Woche aktiv. Der Fairness halber sei noch einmal erwähnt, dass diese Super-Erfolgreichen 30 kg abgenommen haben. Um einen derart großen Erfolg zu konservieren, muss sicher mehr „investiert" werden, als wenn es nur um ein paar Kilos geht.

Legen Sie Alltagswege aktiv mit Spaß zurück!

Aktiv werden: eine Erfolgsgarantie!

Seien Sie schlauer als alle anderen und nehmen Sie die Treppe!

Sie können Ihre Aktivität natürlich so verteilen, wie Sie es möchten. Manche werden oder bleiben lieber sportlich aktiv, andere meinen, dazu keine Zeit oder Lust zu haben und bevorzugen einen aktiven Lebensalltag.

Wer aktiv ist, baut mehr Muskeln auf. Muskeln verbrauchen den Großteil der Nahrungsenergie, die wir über Essen und Trinken aufnehmen. Mehr Muskeln bedeuten mehr Energieverbrennung – auch in Ruhe. So hilft regelmäßige Aktivität nicht nur beim Sport selbst, sondern auch in den Ruhephasen dazwischen, den Energieverbrauch zu steigern.

Es gibt nur wenige, die es ganz ohne Sport oder eine aktive Alltagsgestaltung schaffen, langfristig das Gewicht zu halten. Für die meisten ist Bewegung fast schon eine Erfolgsgarantie. Welche Möglichkeiten es dabei gibt und was es zu beachten gilt, das erfahren Sie im 3. Erfolgsschritt.

Erfolgsschritt 3:
Aktiv im Alltag

Um aktiver zu werden und den Energieverbrauch anzukurbeln, müssen Sie sich nicht gleich ein hartes Joggingprogramm aufbürden oder gar zum Leistungssportler werden. Die beste körperliche Aktivität ist die, die Sie lange Zeit –

über Jahre – beibehalten können. Wer widerwillig joggen geht, wird früher oder später das Handtuch werfen. Und dann kommt noch das allgegenwärtige Argument „zum Sport habe ich keine Zeit“. Glücklicherweise kann man auch durch Aktivität im Alltag die Energieverbrennung in nicht zu unterschätzender Weise steigern.

Aktivität im Alltag hat wenig mit Sport zu tun. Alltagswege, wie der Weg zur Arbeit, zur Post, zum Einkaufen, ins Kino usw. werden statt mit Auto, Bus, Bahn mit dem Rad, zu Fuß oder – ganz im Trend – mit dem City-Roller oder auf Inline-Skates zurückgelegt. Die Treppe erfährt neue Beachtung und der Aufzug bzw. die Rolltreppe wird links liegen gelassen.

Auch Haus- und Gartenarbeit sind besser als Inaktivität

Solche Wege gehören zum Lebensalltag, und oft sparen Sie sogar Zeit, wenn Sie mit dem Fahrrad ganz ohne Parkplatznöte Ihr Ziel direkt ansteuern. Gartenarbeit, Hausarbeit, Spazierengehen tragen ebenfalls zur Fettverbrennung bei.

Aktiv werden: eine Erfolgsgarantie!

Walking ist einfach und erfordert keine teure Ausrüstung

Überprüfen Sie einmal konsequent Ihren Tagesablauf darauf, ob sich nicht der eine oder andere Weg aktiv zurücklegen lässt. Am meisten Sinn macht dies bei Wegen, die Sie häufig zurücklegen, wie dem Weg zur Arbeit.

Wenn die Strecke nicht zu weit ist, dann fahren Sie Ihren Arbeitsweg am besten am Wochenende in aller Ruhe mit dem Rad ab. So können Sie die Fahrzeit kalkulieren und erleben, wie einfach es ist, aktiv zur Arbeit zu fahren. Ganz nebenbei sparen Sie viel Geld fürs Auto oder den Bus.

Wer noch näher an seiner Arbeitsstätte wohnt, kann den Weg auch zu Fuß gehen. Das dauert zwar etwas länger als mit Bus oder Auto, aber so haben Sie Ihren „Sport" schon im Alltag gemacht und brauchen sich nach der Heimkehr von der Arbeit nicht mehr dazu aufzuraffen.

Unterschätzen Sie den Stellenwert der Alltagsaktivität nicht. Sie ist neben dem Maßhalten beim Fett die zweite entscheidende Hilfe vor allem für diejenigen, die am Sport keinen Gefallen finden können.

Spinning-Bikes: wetterunabhängiges Radfahren im Wohnzimmer

Erfolgsschritt 5:
Sport – die beste „Garantie“

Noch „wirksamer“ als Alltagsaktivität kann regelmäßiger Sport sein, wenn es um eine gute Figur geht. Viele Menschen allerdings meinen „dazu habe ich keine Zeit“. Wer aber die Zeit für den Sport opfern kann und möchte, hat die allerbesten Chancen, sein Wohlfühlgewicht zu erreichen und zu halten.

Zunächst müssen Sie diejenige Bewegungsart finden, die wirklich zu Ihnen passt, Sie nicht überfordert und möglicherweise auch mit ein paar Kilos zu viel gut zu machen ist. Am Anfang sind Sportarten mit Sprüngen, harten Schlägen, raschen Richtungswechseln weniger günstig. Zum Start bieten sich daher vor allem Walking, Radfahren, Schwimmen oder Aquajogging/Aquafitness an. Zumindest so lange, bis überflüssige Kilos abgebaut sind. Wer lange Zeit inaktiv war und auch sonst nicht mehr ganz gesund ist, der sollte seinen Arzt aufsuchen und sich vor Aufnahme der sportlichen Tätigkeit gründlich untersuchen lassen. Gibt der Arzt grünes Licht und sind erst einmal ein paar Kilo runter, dann bieten sich fast alle Sportarten an.

Mannschafts- und Spielsportarten haben den Vorteil einer stärkeren sozialen Bindung als beispielsweise Joggen als Individualsport. Jogger finden schnell Gründe, den Sport ausfallen zu lassen.

Wenn aber Ihre Volleyballkolleginnen auf Sie warten, dann fällt das Kneifen ungleich schwerer, und die Situation hilft Ihnen, „dran zu bleiben“. Auch beim Jogging kann man sich diesen sozialen Effekt zu Nutze machen, indem man sich regelmäßig mit Freunden zum Laufen verabredet.

Moderne Trampoline ermöglichen ein sehr gelenkschonendes Training

Aktiv werden: eine Erfolgsgarantie!

Schwimmen ist immer eine gute Wahl für die, die es einrichten können

Zu den Aufgaben dieser Woche zählt es, den ersten Schritt zu tun, um wieder mit dem Sport anzufangen. Dabei ist es unerheblich, für welche Sportart Sie sich entscheiden. Wer sich nicht binden kann oder möchte kann auch allein los walken, los joggen (langsam, mit Gehpausen), einen Probebesuch im Fitness-Studio machen oder sich ein neues Fitnessgerät für zu Hause kaufen (z.B. einen Crosstrainer, ein Spinning-Bike, ein Trampolin ...). Probieren Sie es aber unbedingt vorher im Geschäft aus.

Moderne Trampoline (z.B. SuperMover, Swinging Emotion) sind ein Beispiel für Hometrainer mit hohem Spaßfaktor, die gleichzeitig sehr gelenkschonend sind. Anders als Geräte mit Stahlfedern wird die Bespannung hier von sehr elastischen Gummibändern gehalten. Man sinkt viel weicher ein und wird sanfter beschleunigt. Dennoch ist das Training auf diesen Trampolinen effektiv und von leichtem Schwingen bis zu intensiven Gymnastikprogrammen gut zu dosieren. Selbst 15 min. täglich während der Tagesschau vor dem Fernseher locker „mitschwingen" hat einen guten Effekt. Die Geräte gibt es z.B. unter www.supermover.de oder www.mensch-in-bewegung.de.

Suchen Sie sich eine Sportart aus, die Ihnen auch wirklich Spaß macht. Denn das ist die beste Gewähr, dass Sie über eine längere Zeit dranbleiben. Sport ist nicht nur für das Körpergewicht auf der Waage ein entscheidender Faktor, er sorgt auch für ein verbessertes Wohlbefinden.

Weniger intensiv, aber regelmäßig ist besser als intensiv, aber nur hin und wieder!

Checkliste für die Woche 7

- *Prüfen Sie, wie Sie Ihren Alltag noch aktiver gestalten können.*
- *Melden Sie sich zu einem Walking-Kurs, einem Probetraining im Fitness-Studio oder zu einer Aerobic-Gruppe o.a. an.*
- *Kaufen Sie sich ein neues Fitnessgerät oder ein neues Sportoutfit. Probieren Sie es gleich aus!*
- *Genießen Sie auch in dieser Woche Obst und Gemüse nach Belieben mit der 5 am Tag-Checkliste.*

Auch in dieser Woche gilt: 5 am Tag

So manchen mag das Zählen der Obst- und Gemüseportionen in der fünften Woche ein wenig „blöd“ vorgekommen sein. Es macht aber richtig Sinn: Wer viel Obst und Gemüse isst, isst quasi automatisch weniger Fett. Viel Obst und Gemüse hat darüber hinaus noch weitere Vorteile, die Sie schon in Woche 5 erfahren haben. Um Ihnen das Zählen der Portionen zu erleichtern, gibt es auch für diese Woche wieder eine Checkliste. 5 Portionen Obst und Gemüse am Tag sind die Orientierung, 35 Portionen in der Woche das Ziel. Sie haben einen Spielraum und können die Portionen unterschiedlich auf die Tage verteilen (z.B. 2-7-6-4-6-5). Das Wochenziel von 35 Portionen versuchen Sie aber zu erfüllen. Dies nennen wir „flexible Kontrolle“. Was es damit genau auf sich hat, erfahren Sie in der kommenden Woche.

Wer sich mit den Portionen nicht ganz sicher ist, schaut am besten noch einmal auf die Tipps von Woche 5. Dort ist alles genau erklärt.

So trainieren Sie Woche für Woche das Rezept der Erfolgreichen. In der nächsten Woche wird es um faire Ziele beim Essen und auf der Waage gehen. Viel Spaß!

Die 5 am Tag-Checkliste für Woche 7 (Ziel: 35 Striche pro Woche)

Tag	*Bitte 1 Strich pro Portion (ca. 125 g)* machen*
Montag	
Dienstag	
Mittwoch	
Donnerstag	
Freitag	
Samstag	
Sonntag	

**(125 g sind etwa ein bis zwei Hände voll)*

Faire Vorsätze: Nie wieder NIE!

Willkommen zur achten Woche!

Viele werden diese Gedanken aus eigener Erfahrung kennen: „So kann es nicht weiter gehen. Wie sehe ich denn aus. Bin richtig fett geworden. Die Röcke und Hosen passen nicht mehr und bei jeder kleinen Anstrengung muss ich schnaufen. Ich muss jetzt etwas tun!"

Starre Grenzen führen zum Deichbruch

Oft wird dann radikal etwas geändert: „Ab morgen Diät", „Nur noch Obst und Gemüse", „Nie mehr Süßigkeiten", „Ausschließlich Trinkdiät" oder auch „Immer nach Diätplan". Die alte Diät-Anleitung wird wieder aus der Schublade gekramt. Der Entschluss zur Diät steht fest: Ab morgen muss alles anders werden!

Speisen und Getränke werden fortan in zwei Gruppen aufgeteilt. Eine Gruppe nennt sich ERLAUBT, die andere VERBOTEN. Während Diätlebensmittel, Gemüse, Obst und Mineralwasser in die Gruppe ERLAUBT eingeordnet werden, landen Süßigkeiten, Kuchen, Snacks, Wurst, süße Getränke und Alkoholika in der Gruppe VERBOTEN. Aus genussvollem und abwechslungsreichem Essen wird so dröge Diät.

Einige wenige Tage schafft man es, die starren Diätvorsätze tatsächlich einzuhalten. Je länger man die verbotenen Lebensmittel entbehrt, um so mehr jedoch kreisen die Gedanken gerade um den Schokoriegel oder Keks, den man sich selbst verboten hat. Fast hätte man doch wieder zugegriffen, aber gerade noch einmal nein sagen können. Mit eisernem Willen arbeitet man gegen die Versuchungen an und versucht die selbst auferlegte Diätgrenze einzuhalten.

Aber der allgegenwärtige Alltagsstress, ob beruflich und/oder privat, zehrt an den Vorsätzen. Je mehr Stress, umso schwieriger wird es, die strenge Kontrolle über das eigene Essverhalten aufrechtzuerhalten und umso instabiler wird die Situation. Es fehlt nur noch eine Winzigkeit bis zur deichbruchartigen Aufgabe der Diätgrenze.

Als kleines Dankeschön für die gute Zusammenarbeit bringt Ihnen Ihre Kollegin einige Kekse zusammen mit der Tasse Kaffee: „ ... Ihre Lieblingskekse, extra für Sie gebacken." Eine Situation ohne Ausweg. Um die fürsorgliche Kollegin nicht zu verletzen, greifen Sie – nicht ganz ungern – zu.

Schon ein einziger Bissen reicht aus, um die selbst auferlegte Diätgrenze zu überschreiten und im Kopf eine verhängnisvolle Kettenreaktion auszulösen: „Ich habe es schon wieder nicht geschafft, mich an meine Vorsätze zu halten – ich schaffe das sowieso nicht – jetzt ist es auch egal ..." Jegliche Kontrolle wird auf einmal über Bord geworfen und nunmehr ganz ohne Zügel weiter gegessen: „Vielen Dank für die leckeren Kekse, haben Sie noch ein paar mehr für mich?"

Es beginnt mit einem Keks, aber durch den Zusammenbruch der Kontrolle werden nicht nur viele Kekse, sondern auch viele andere Lebensmittel verspeist, die man sich eigentlich verboten hatte.

Mit solchen krassen "Jetzt ist es auch egal!" – Reaktionen endet die Zeit der starren Diätvorsätze ganz abrupt. Im schlimmsten Fall kann es dann zu regelrechten Essanfällen kommen, wenn diese immer wieder auftreten gar zu Ess-Störungen.

Starre Diätvorsätze sind zwar von der Idee her plausibel. Durch zweigleisige Einteilung der Lebensmittel in Erlaubt/ Verboten, Gut/Schlecht und Gesund/Ungesund wird versucht, etwas gegen überflüssige Pfunde auszurichten. Unser Lebensumfeld aber macht die Einhaltung dieser Verhaltensvorschriften prak-

Schon geringfügige Störungen von außen führen zum Überschreiten der Diätgrenze

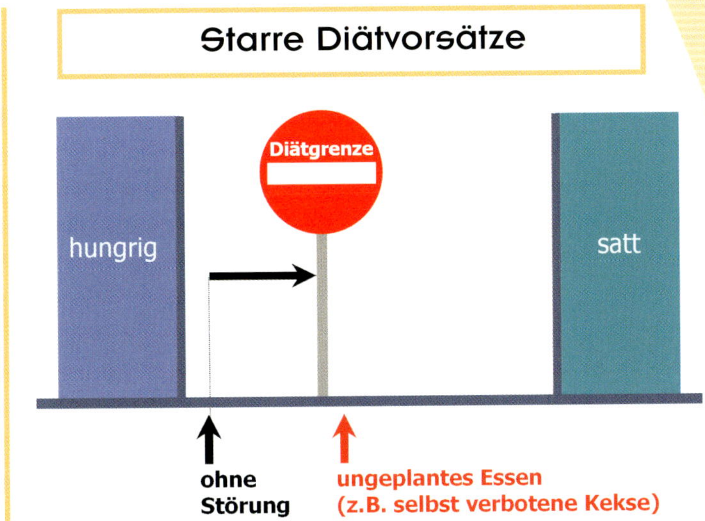

tisch unmöglich. Immer wieder führen eigentlich unbedeutende Ereignisse, wie ungeplantes Essen, zum Kippen der selbst auferlegten Diätgrenzen. Mit dem typischen Satz "Jetzt ist es auch egal!" bricht darauf jegliche Kontrolle weg und es werden zügellos große Mengen gegessen. Dieser Deichbruch ist das jähe Ende der harten Diät.

Starre Diätgrenzen erfordern eine sehr starke willentliche Kontrolle und können nur so lange eingehalten werden, wie es von außen keine oder kaum Störungen gibt. Unser vielseitiges Lebensumfeld ist jedoch voll von so genannten „Störungen", die wieder und wieder zum Kippen der Diätgrenzen führen. Die häufigste Störung ist dabei ungeplantes Essen. Stress und Alkohol setzen das notwendige Kontrollvermögen für die Einhaltung der Diätvorschriften zusätzlich herab und begünstigen ebenfalls den Fall von Diätgrenzen und damit das Deichbruchphänomen.

Starre Diätvorsätze – wie „Ab morgen keine Süßigkeiten mehr" – sind psychologisch sinnlos. Das Problem des starren Vorsatzes ist nicht die Zeit, in der er eingehalten werden kann, sondern der unausweichliche Deichbruch. In der sich an den Deichbruch anschließenden Zeit wird ohne jegliche Kontrolle oftmals viel mehr verzehrt als vorher durch strenges Diäthalten eingespart wurde. Die Energiemenge aus Diät + Essanfall ist sogar größer als die Energiemenge, die ganz ohne harte

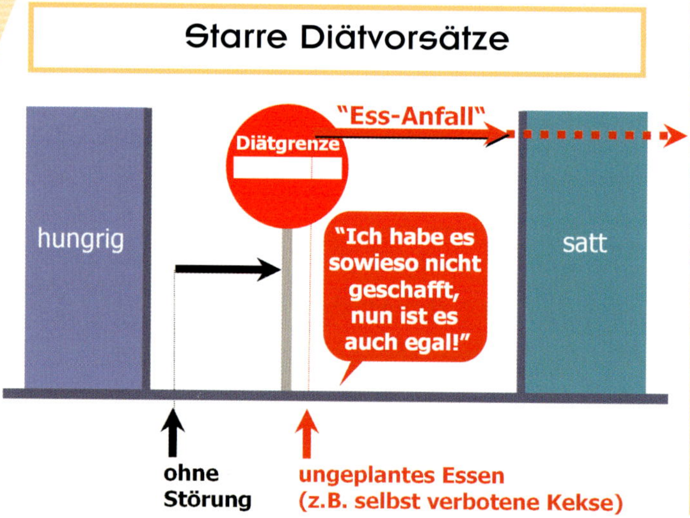

Über den "Jetzt ist es auch egal!"-Effekt kommt es zu einem "Ess-Anfall"

Diät verspeist worden wäre. Und genießen können die meisten die während eines Essanfalls verschlungenen Lebensmittel auch nicht.

Flexible Vorsätze – der faire Weg
Ganz ohne bewusste Kontrolle („Ich esse und trinke, was ich will!") fällt es vielen Menschen heute jedoch schwer, Ihr Gewicht in einem normalen Rahmen zu halten. Darum ist aktive Kontrolle beim Essen und Trinken sehr sinnvoll. Nur darf diese Kontrolle nicht so starr sein, dass es zum programmierten Deichbruch kommt. Im Gegenteil: Unsere Vorsätze müssen von vornherein Spielräume und Ausgleichsmöglichkeiten lassen, um dem schädlichen "Jetzt ist es auch egal!" – Effekt vorzubeugen.

Es macht wirklich keinen Sinn, sich das selten verspeiste Stück Sahnetorte zu verbieten, das gerade mal mit 0,07 Gramm Fett pro Tag zu Buche schlägt, wenn man aufs Jahr hoch rechnet. Der Zeitraum, in dem wir etwas so und so oft verzehren, spielt eine ganz entscheidende Rolle. Es ist unerheblich, ob wir überhaupt ein Stück Schwarzwälder-Kirsch-Torte essen. Entscheidend ist, wie oft dies in einem bestimmten Zeitraum geschieht. Ein komplettes Verbot bestimmter Lebensmittel ist in jedem Fall sinnlos. Sinnvoll dagegen ist die Kontrolle häufig gegessener fettreicher Lebensmittel über einen längeren Zeitraum mit genügend Ausgleichsmöglichkeiten von Tag zu Tag.

Auch Stress und Alkohol lösen den "Jetzt ist es auch egal!"-Effekt aus

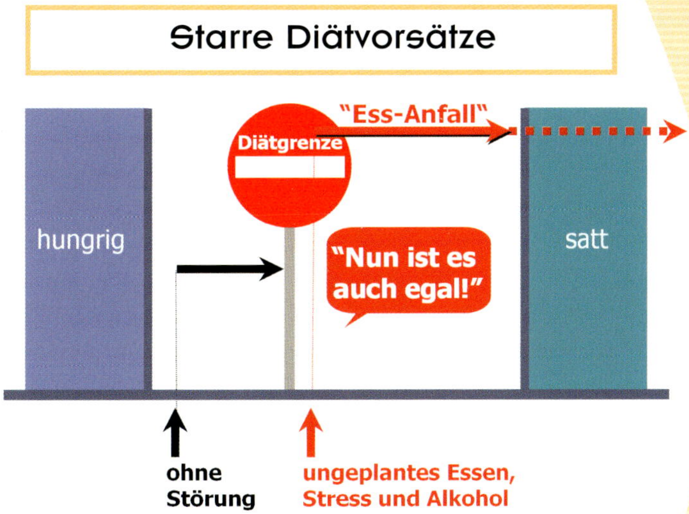

Faire Vorsätze: Nie wieder NIE!

Wenn ein Vorsatz im Durchschnitt einer Woche erreicht werden soll, dann gibt es für den einzelnen Tag oder gar die einzelne Mahlzeit einen immensen Spielraum. Ganz anders, wenn die Vorgabe tagtäglich oder gar zu jeder Mahlzeit erreicht werden muss. Die Wahrscheinlichkeit, die Vorgabe „Ab morgen keine Süßigkeiten mehr" durchzuhalten, ist viel niedriger, als „In der kommenden Woche bis zu 5 Portionen Süßigkeiten" zu erreichen. 5 Portionen pro Woche eröffnen einen sehr großen Spielraum: Ich könnte 5 Portionen auf einmal, knapp eine Portion am Tag essen oder auch keine Süßigkeiten essen, ohne den Vorsatz zu brechen. Weil solche Vorgaben einen großen Verhaltensspielraum beinhalten, werden sie **flexibel** genannt. Sie können anders als starre Alles-oder-Nichts-Vorgaben tatsächlich eingehalten werden und begünstigen das langfristige Halten des Gewichts. Ein Deichbruch tritt praktisch nicht mehr auf und damit auch keine Essanfälle.

Eine große Studie mit Teilnehmern einer computergestützten Ernährungsberatung hat eindeutig gezeigt, dass diejenigen Teilnehmer gewichtsmäßig im Vorteil sind, die sich selbst viele flexible aber wenig starre Vorsätze machen.

Flexible Vorsätze – auch beim Sport der richtige Weg

Sie wollen ab morgen jeden Tag 10 km jeden Tag joggen? Drei Tage geht es gut, aber dann ist bei der Arbeit wieder Mega-Stress und Sie

Starre/flexible Vorsätze und Gewicht

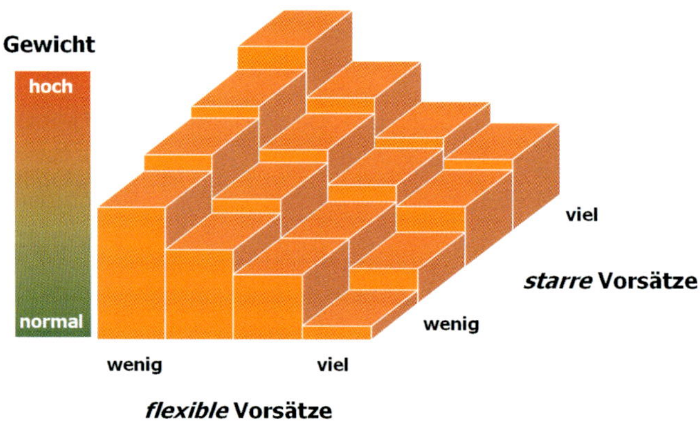

Starre Vorsätze sind mit höherem, flexible Vorsätze mit niedrigerem Gewicht verbunden

schaffen es nicht. Der Vorsatz fällt und fortan wird überhaupt nicht mehr gejoggt. Hier ist es nicht anders als beim Essen auch. Wäre nicht „In der kommenden Woche 2 x joggen gehen" der fairere Vorsatz? Dann ist es kein Problem, wenn es an einem Tag mal nicht klappt. Und natürlich lässt sich das Sportprogramm auch auf 3–4 x pro Woche steigern.

Es ist verboten, sich etwas zu verbieten
Verbote sind sinnlos, denn sie lösen Deichbruchphänomene und Ess-Störungen aus. Das selten verzehrte Genusslebensmittel ist gar nicht das Problem. Gerade kohlenhydrathaltige und süße Lebensmittel sind für Leistungsfähigkeit und gute Laune wichtig. Daher waren sie bereits in den ersten 4 Wochen von vornherein mit eingeplant.

Über Gesundheit und Krankheit, Wohlfühlgewicht und Übergewicht entscheidet, was Menschen in Wochen, Monaten und Jahren im Durchschnitt essen. Der Langzeit-Mix zählt, ob im Supermarkt, im Restaurant oder bei Tisch. Gelegentlich ein Genusslebensmittel zu verspeisen ist keine Gefahr für das Gewicht, dafür aber eine wichtige Quelle von Lebenszufriedenheit und Lebensqualität.

Checkliste für Woche 8

- *Seien Sie fair zu sich und verbieten Sie sich keine Lebensmittel, sondern planen von vornherein einen Spielraum für Genusslebensmittel ein.*
- *Halten Sie keine Diät, aber gehen Sie im Alltag auch in Zukunft maßvoll mit Fett um. Schauen Sie hin und wieder noch einmal in die Praxistipps für den klugen Einkauf.*
- *Versuchen Sie weiterhin konsequent, die 5 wesentlichen Erfolgsschritte zu verwirklichen. So tun Sie das bestmögliche für Ihre Figur und ganz nebenbei auch für Ihre Gesundheit:*

Erfolgsschritt 1 | Fett mit Augenmaß

Erfolgsschritt 2 | Mit Kohlenhydraten genussvoll fit und satt werden

Erfolgsschritt 3 | Aktiv im Alltag

Erfolgsschritt 4 | Sport – die beste „Garantie"

Erfolgsschritt 5 | Flexible Vorsätze – der faire Weg

Die Studie – so wurde der Erfolg der Gute-Laune-Diät überprüft

An der Ernährungspsychologischen Forschungsstelle der Universität Göttingen (Leitung: Professor Volker Pudel) wurde der Erfolg der Gute-Laune-Diät umfassend geprüft. Dazu wurden zunächst etwa 200 Übergewichtige gesucht. Dies geschah durch einen Beitrag in der Göttinger Sonntagszeitung „Testpersonen zum Abnehmen gesucht“.

In den folgenden Tagen standen die Telefone nicht still. Mehrere Hundert Göttinger wollten an der Studie teilnehmen. Nachdem etwa 200 geeignete Teilnehmer gefunden waren, wurden diese per Zufall auf zwei Studienstaffeln verteilt. Die erste Staffel konnte sofort mit dem Test der Gute-Laune-Diät[1] beginnen (sog. Diätgruppe), die zweite Staffel kam auf eine Warteliste und sollte mit der Diät erst beginnen, wenn die erste Staffel diese bereits beendet hatte.

[1] *Der Name der Diät wurde den Teilnehmern an keiner Stelle genannt.*

Mit einem Zeitungsbeitrag wurden die Teilnehmer gesucht

▸ *Zu Beginn der Studie wurden alle Teilnehmer gemessen und gewogen*

Die zweite Staffel stellte in dieser Studie die so genannte Kontrollgruppe dar. Immer dann, wenn ein Konzept oder Medikament nach besten wissenschaftlichen Kriterien auf Wirksamkeit überprüfen werden soll, müssen in der Untersuchung zwei Gruppen vorhanden sein: Die eine Gruppe (hier die Diätgruppe) testet das Konzept oder Medikament, während die andere Gruppe (Kontrollgruppe) zwar an der Untersuchung teilnimmt, sonst aber keine wirksame Therapie (z.B. ein Scheinmedikament – sogenannte Placebo) erhält. Durch den Vergleich des Erfolgs der Diätgruppe mit dem Erfolg der Kontrollgruppe im gleichen Zeitraum kann man den Effekt des Konzepts messen. Der Einfluss von Außenbedingungen (Personal, Besuche in der Einrichtung, offizielle Teilnahme an einer Studie u.a.) auf das Studienergebnis wird mit solchen „kontrollierten Studien" minimiert. Bei der wissenschaftlichen Überprüfung der Gute-Laune-Diät durften die Teilnehmer der Kontrollgruppe um 10 Wochen zeitversetzt mit der Diät beginnen.

▸ *Einmal pro Woche holten die Studienteilnehmer ihre Unterlagen ab*

Mit Fragebögen wurde vor Beginn beider Staffeln das Essverhalten, die Befindlichkeit und Lebensqualität gemessen. Parallel wurden die Teilnehmer gewogen und die Körpergröße wurde gemessen. Anhand dieser Ausgangsbefunde wollte das Wissenschaftlerteam um Anke Borchardt und Kira Wolf feststellen, ob und welche Verbesserungen das zu überprüfende Diätkonzept bewirkt.

Die Diätgruppe (erste Staffel) erhielt daraufhin wöchentlich genau die Tagespläne mit Einkaufs- und Vorratslisten, die Sie vorn im Buch finden. Ab der fünften Woche bekamen die Teilnehmer wöchentlich Tipps und Tricks zum Gewichthalten in gedruckter Form.

Wichtig: Die Teilnehmer erhielten keine professionelle Ernährungsberatung oder gar psychologische bzw. ärztliche Betreuung. Es wurden nur gedruckte Materialpakete für die jeweils nächste Woche übergeben.

Das Diätprogramm wurde mit Hilfe dieser Materialien von den Teilnehmern komplett ohne fremde Hilfe zu Hause selbst durchgeführt. Am Ende des Gesamtkonzepts (4 Wochen Diätpläne und 4 Wochen Tipps und Tricks zum Gewichthalten) erhielten sowohl die Teilnehmerinnen und Teilnehmer der Diätgruppe als auch die Teilnehmerinnen und Teilnehmer der Kontrollgruppe (diese hatten in dieser Zeit 8 Wochen „gewartet") noch einmal die gleichen

Fragebögen zum Essverhalten, zur Befindlichkeit und zur Lebensqualität. Das Gewicht wurde erneut bestimmt.

Spannend war nun die Frage: Unterscheiden sich Diätgruppe und Kontrollgruppe nach 8 Wochen auf der Waage, im Essverhalten, der Befindlichkeit oder gar Lebensqualität?

72 % der Teilnehmer in der Diätgruppe blieben bis zum Ende der 8 Wochen dabei, 70 % der Teilnehmer in der Kontrollgruppe. Die Diätgruppe nahm im Schnitt 5,2 kg in 8 Wochen Gute-Laune-Diät ab (4,4 kg davon in den ersten 4 Wochen). Die Kontrollgruppe reduzierte das Gewicht im gleichen Zeitraum um gerade 0,1 kg. Im Vergleich zur Kontrollgruppe verbesserte sich auch die Be-

Mit den Unterlagen gingen die Teilnehmer einkaufen

findlichkeit der Teilnehmer an der Gute-Laune-Diät: Es kam zu einer Zunahme von „Gehobener Stimmung“, zu einer Abnahme von „Introvertiertheit“, „Müdigkeit“ und „Desaktiviertheit“. Auch die Lebensqualität verbesserte sich. Besonders „Vitalität“, „Körperliche Funktionsfähigkeit“ und „Psychisches Wohlbefinden“ konnten deutlich gesteigert werden. Ein schöner Erfolg der Diätgruppe im Vergleich zur Warteliste (Kontrollgruppe).

In Woche 5 bis Woche 8 der Gute-Laune-Diät wurde konsequent das Halten des Gewichts trainiert. Diese Wochen sollten den Grundstein für einen langfristigen Erfolg ohne Jo-Jo-Effekt legen. Was lag näher, als 6 Monate nach Ende der Diät auch zu überprüfen, ob das Gewicht tatsächlich gehalten werden konnte. Ein halbes Jahr später wurden daher alle Teilnehmer der Diätgruppe noch einmal in die Forschungsstelle eingeladen. Fast alle kamen und so konnten 92 % der Absolventen der Diätgruppe nachuntersucht werden (die Kontrollgruppe wurde nicht weiter verfolgt). Nur 8 % der Teilnehmer an der Gute-Laune-Diät hatten wieder deutlich zugenommen und wogen so viel wie oder gar mehr als das Ausgangsgewicht (= langfristig Nicht-Erfolgreiche). 92 % der Nachuntersuchten wogen noch immer weniger als vor der Diät. Sie lagen auch 6 Monate nach Ende der Gute-Laune-Diät im Schnitt 5,2 kg unter Ausgangsgewicht und haben damit das Gewicht tatsächlich gehalten (= langfristig Erfolgreiche). Das ist ein hervorragendes Ergebnis.

Sehr interessant war die Handhabung von Vorsätzen bei den langfristig Erfolgreichen im Vergleich zu den Nicht-Erfolgreichen: Die Erfolgreichen verwendeten sehr viel mehr flexible Vorsätze als die Nicht-Erfolgreichen und wurden so vom gefürchteten „Jetzt-ist-es-auch-egal-Effekt“ verschont (siehe auch Woche 8).

Das Konzept der Gute-Laune-Diät war für die überwiegende Mehrheit der Teilnehmer eine attraktive Diät mit Langzeiterfolg, die zusätzlich mit vielen Verbesserungen des Befindens und der Lebensqualität einherging. Nur weniger als 10 % der Teilnehmer profitierten nicht von dem Diätkonzept.

Die wissenschaftlichen Ergebnisse der Gute-Laune-Diät sind bereits auf einigen Kongressen der Deutschen Gesellschaft für Ernährung und der Deutschen Adipositasgesellschaft dem Fachpublikum vorgestellt worden. Interessierte Leserinnen und Leser finden am Ende des Kapitels „Lesetipps“ die entsprechenden Literaturstellen.

Häufige Fragen zur Gute-Laune-Diät (FAQ)

Hier haben wir mögliche Fragen zur Gute-Laune-Diät mit den entsprechenden Antworten für Sie zusammengestellt. Ähnliche Fragen wurden von den Studienteilnehmern (siehe Die Studie – so wurde der Erfolg der Gute-Laune-Diät überprüft) im Verlauf der Studie gestellt.

Ganz ohne Fett schmeckt es doch nicht!

Richtig, denn Fett ist ein wichtiger Geschmacksträger. „Ganz ohne Fett" ist auch die völlig falsche Botschaft. Es geht allein um etwa 1/3 weniger Fett: 40–70 Gramm Fett für Frauen, 60–90 Gramm für Männer. Das ist immer noch ausreichend Fett, so dass Geschmack und Genuss nicht leiden müssen. Bei manchen Lebensmitteln schmeckt es sogar besser, wenn weniger Fett enthalten ist: Eine fettarme Leberwurst (ca. 24 % Fett) enthält mehr qualitativ hochwertiges mageres Fleisch und schmeckt sogar besser als eine „einfache" Leberwurst mit hohem Schwarten- und Speckanteil (ca. 40 % Fett).

Macht Fett nicht besonders gut satt?

Fett macht satt. Aber Kohlenhydrate und Eiweiß machen noch satter! Fairerweise muss man die sättigende Wirkung eines Nährstoffs ins Verhältnis zu seinem Energiegehalt setzen: 100 Gramm reines Fett (z. B. aus 160 g Haselnüssen) macht zwar ganz gut satt, liefert dafür aber 900 Kalorien. 100 Gramm Kohlenhydrate (z. B. in 400 g gekochten Nudeln mit Tomatensauce) machen auch richtig satt, dieses Sattheitsgefühl gibt es aber schon für 400 Kalorien. Schließlich sättigen 100 Gramm Eiweiß (z. B. aus ca. 1 Pfund gegrillten Putenfilets) hervorragend und schlagen wie die Kohlenhydrate nur mit etwa 400 Kalorien zu Buche. Vergleicht man die Sättigungswirkung pro Kalorie, dann machen Eiweiß und Kohlenhydrate um einiges besser satt als Fett.

Macht Zucker dick?

Das Vorurteil, Zucker mache dick, ist zwar populär, aber falsch! Im Gegenteil, ein verstärkter Verzehr von Kohlenhydraten in Form von Stärke und Zucker ist eher mit einem niedrigeren Gewicht verbunden. Die Menschen, die jedes Gramm Zucker sparen, verzehren oft überdurchschnittlich viel Fett. Und das ist für das Gewicht ungünstiger. Kohlenhydrate und Fette haben eine unterschiedliche Funktion im Körper: Kohlenhydrate, Stärke und Zucker, werden bevorzugt verbrannt, Fett kann gespeichert werden. Die wissenschaftliche Überprüfung der Gute-Laune-Diät hat gezeigt, dass eine gewisse Menge Zucker kein Problem für die Figur darstellt und sogar Stimmung und Wohlbefinden positiv beeinflusst.

Manche Lebensmittel werden in den Tipps zu 5. und 6. Woche als fettarme Alternativen bezeichnet, obwohl sie immer noch recht viel Fett enthalten?

Das ist richtig. Nehmen wir eine fettarme Leberwurst. Sie hat noch immer über 20 % Fett, dennoch enthält sie ca. 40 % weniger Fett als eine normale Leberwurstsorte („einfach“). Im Vergleich dazu ist fettarme Leberwurst eine gute Alternative und kann beim Fettsparen helfen. Der Vergleich mit dem normal fetthaltigen Lebensmittel entscheidet, ob ein Lebensmittel als fettarme Alternative bezeichnet wird.

Angeblich essen die Menschen schon weniger Fett als früher. Warum werden Sie trotzdem immer dicker?

Das ist in der Tat eine interessante Beobachtung aus Amerika. Der Fettverzehr steigt dort nicht weiter an, geht im Durchschnitt sogar ganz leicht zurück und dennoch werden die Menschen im Schnitt immer dicker. Dieser Widerspruch hat seine Ursache in einer starken Abnahme der körperlichen Aktivität im gleichen Zeitraum. Normalerweise führt ein Rückgang der Energieaufnahme, z.B. durch den Verzehr von weniger Fett, zu einer Gewichtsabnahme. Wenn aber im gleichen Zeitraum der Energieverbrauch durch eine drastisch gesunkene körperliche Aktivität noch stärker zurückgeht, nehmen die Menschen trotzdem zu. Die Gewichtszunahme wäre freilich weit stärker ausgefallen, wenn die Energieaufnahme im gleichen Zeitraum gleich geblieben oder noch weiter angestiegen wäre. Energieaufnahme und Energieverbrauch kann man nicht unabhängig voneinander betrachten, es kommt immer auf die Energiebilanz an.

Kann ich länger als 28 Tage nach den Tagesplänen essen?

Ja, das ist natürlich möglich. Sie können die Rezepte der einzelnen Tage beliebig miteinander kombinieren. Gerade wenn Sie oft ein Problem mit der Portionsmenge haben, können die Rezepte hilfreich sein. Klar, mit einer Woche Essen à la Gute-Laune-Diät lässt sich auch eine geringfügige Gewichtszunahme (wenn Sie im Urlaub doch wieder „All inclusive“ gebucht haben) ausgleichen.

Häufige Fragen zur Gute-Laune-Diät (FAQ)

Ich koche gern zuhause. Welches Kochbuch passt zur Gute-Laune-Diät?

Wenn Sie oft und gern zuhause kochen, dann empfiehlt Ihnen die Gute-Laune-Diät das neue Kochbuch **So kriegst Du Dein Fett weg – Fettarm kochen** mit Ewald Braden als hervorragende Ergänzung (siehe **Lesetipps**). Alltagsrezepte mit viel Geschmack aber Augenmaß beim Fett.

Macht Kalorienzählen Sinn?

Nein. Kalorienzählen überfordert die Menschen schlichtweg. Alles Verspeiste und Getrunkene muss gezählt werden: Vom Radieschen bis zur Schweinshaxe, von der Light-Limonade bis zum Schnaps. Menschen, die Kalorien zählen, essen immer mit einem schlechten Gewissen, da jeder Bissen das Kalorienkonto füllt. So verwundert es wenig, dass die meisten Kalorienzähler nicht lange durchhalten. Die dänischen Forscher Sören Toubro und Arne Astrup haben gezeigt, dass Kalorienzählen eine schlechte Langzeitstrategie zum Halten des Gewichts ist. Die dänischen Versuchsteilnehmer haben mit Kalorienzählen 87 % des Gewichts wieder zugenommen, das sie 2 Jahre zuvor abgenommen hatten. Weitaus besser hingegen konnten jene Versuchsteilnehmer ihr Gewicht halten, die lediglich fettbewusst gegessen haben. Sie hatten nach 2 Jahren gerade 42 % der abgenommenen Kilos wieder zugelegt. Wäre noch eine Portion Bewegung hinzugekommen, hätten diese Versuchsteilnehmer wahrscheinlich nicht oder kaum zugenommen.

Machen Kohlenhydrate überhaupt nicht dick?

Unter normalen Umständen ist es tatsächlich so. Die Menschen in Westeuropa werden deshalb dicker, weil sie Tag für Tag etwas mehr Fett essen als der Körper verbrennen kann. Dieses Fett wird gespeichert und summiert sich über Monate und Jahre zu stattlichen Fettpolstern. Die Kohlenhydrate, die in der gleichen Zeit gegessen werden, werden in der Regel verbrannt und nicht in Fett umgewandelt. Gleiches gilt für Protein (Eiweiß) und Alkohol. Wenn jedoch extreme Mengen Kohlenhydrate am Tag verspeist werden, täglich mehr als ca. 500 Gramm, dann kommt es binnen weniger Tage zur vollständigen Auslastung der Kohlenhydratverbrennung. Mehr als 500 Gramm Kohlenhydrate am Tag schafft der Körper nicht zu verbrennen, es sei denn, wir sind körperlich sehr aktiv. Bei Inaktiven läuft etwa bei dieser täglichen Menge die Kohlenhydratverbrennung über, d.h. alle über die Menge von 500 Gramm hinaus verspeisten Kohlenhydrate werden in Fett umgebaut und gespeichert. Um 500

Gramm Kohlenhydrate am Tag aufzunehmen, muss man jedoch „Berge“ verspeisen: 2,5 kg Kartoffeln, 700 Gramm trockene Nudeln (gekocht mehr als 2 kg), 20 kg Blumenkohl, 1 kg Brot.
Mit konzentrierten Kohlenhydraten ist es etwas leichter, diese Menge zu erreichen: etwa mit ca. 700 Gramm(!) Fruchtgummis oder Lakritz. In flüssiger Form müsste man 4–5 Liter Limo, Cola, Apfel- oder Orangensaft trinken, um auf ca. 500 Gramm reine Kohlenhydrate zu kommen. Natürlich erreicht man diese Menge auch durch Kombination von „flüssigen“ und „festen“ Kohlenhydraten.

Kann man mit weniger als 500 Gramm Kohlenhydraten am Tag auch zunehmen?

Ja, das geht leider auch. Die Grenze von ca. 500 Gramm Kohlenhydratverbrennung am Tag gilt zunächst für inaktive gesunde junge Männer. Bei inaktiven Frauen und älteren Menschen kann die Grenze auch darunter, z. B. bei 400 Gramm am Tag, liegen. Kohlenhydrate in dieser Größenordnung werden verbrannt, aber was passiert mit den gleichzeitig verspeisten Kalorien aus Protein (Eiweiß) und Fett? Wenn der Körper bei sehr kohlenhydratreicher Nahrung fast vollständig auf Kohlenhydratflamme läuft, verbrennt er gleichzeitig zwar noch die geringen verzehrten Proteinmengen, jedoch praktisch kein Fett mehr. Das mit den vielen Kohlenhydraten zusammen verspeiste Fett würde also nicht für die Energiebereitstellung benötigt und könnte für die nächste Notzeit gespeichert werden. Eine Gewichtszunahme wäre die Folge. Diese Gewichtszunahme wäre umso größer, je mehr Fett zusammen mit den großen Kohlenhydratmengen gegessen würde.

Was ist mit Alkohol?

Auch alkoholische Getränke enthalten kein Fett. Das ist zunächst eine gute Nachricht. Dennoch können sie für die Figur zum Problem werden. Der Körper kann Alkohol nicht speichern. Alkohol, der getrunken wird, muss verbrannt werden, sonst kommt es zur Alkoholvergiftung. Normalerweise verbrennt der Körper alle drei Hauptnährstoffe parallel: Kohlenhydrate, Fett und Eiweiß. Wenn Alkohol getrunken wird, kommt er als vierter Brennstoff hinzu. Wird viel Alkohol getrunken, benutzt ihn der Körper gar als Hauptbrennstoff. Alkohol aber hemmt die Verbrennung von Fett. Während der Körper die Alkoholenergie verbrennt, verbrennt er kaum noch Fett. Er spart das Fett ein und lagert es an Bauch und Hüften an. Was bedeutet dies für die Praxis: Der Alkohol muss in die Fettbilanz eingerechnet werden. Das gilt besonders bei größeren Mengen. Bei einem Glas

Wein (125 ml) am Tag oder einer Flasche Bier (330 ml) bleibt genügend Spielraum für Fett aus anderen Lebensmitteln. Manche wissenschaftlichen Studien haben gezeigt, dass Alkohol – und ganz besonders dann, wenn er aus einem Glas Rotwein stammt – durchaus positive gesundheitliche Auswirkungen haben kann. Das Herzinfarktrisiko sinkt. Dies gilt schon für Alkoholmengen von einer Flasche Bier oder einem Glas Wein. Viel Alkohol dagegen kann fett machen und Lebererkrankungen auslösen.

Wann ist man eigentlich zu dick?

Die simple Feststellung „wenn man mehr wiegt als das Normalgewicht" greift im Einzelfall nicht. Ein Bodybuilder wiegt weit mehr als das Normalgewicht, niemand jedoch würde ihn als übergewichtig bezeichnen. Übergewicht meint schon, „mehr als das Normalgewicht" auf die Waage zu bringen, dies aber maßgeblich in Form von Körperfett, nicht aber als Muskulatur.

Was ist überhaupt das „Normalgewicht" eines Menschen? Der Begriff Normalgewicht wurde jahrzehntelang nach der Formel von Broca berechnet: Körpergröße in cm minus 100 = Normalgewicht in kg. Diese Formel ist zwar einfach und griffig, aber wenig genau und im Einzelfall unfair. Jeder 170 cm große Mensch müsste hiernach 70 kg als Normalgewicht wiegen. Die Broca-Formel berücksichtigt die normale Spannbreite der biologischen Konstitutionstypen nicht. Große wissenschaftliche Studien haben auch gezeigt, dass der Zusammenhang des echten Körperfettanteils eines Menschen mit den Gewichtsklassen nach Broca nur schwach ist.

Es gibt aber einen fairen und besseren Gewichtsindex, der heute zur Einteilung von Untergewicht, Normalgewicht und Übergewicht verwendet wird: Der Body Mass Index (BMI). Zur Berechnung des BMI wird das Gewicht in kg zweimal durch die Körpergröße (in Meter) geteilt: z. B. 70 kg : 1,7 m : 1,7 m = 24,2 kg/m^2.

Klassifikation	*BMI = kg/m²*	*Beispiel: Frau/ Mann Größe 1,70 m*
Untergewicht	*< 18,5*	*< 53,5 kg*
Normalgewicht	*18,5 – 25*	*53,5 – 72,0 kg*
Übergewicht	*25 – 30*	*72,1 – 86,4 kg*
Adipositas Grad I	*30 – 35*	*86,5 – 100,9 kg*
Adipositas Grad II	*35 – 40*	*101,0 – 115,3 kg*
Adipositas Grad III	*> 40*	*> 115,4 kg*

Die Einteilung nach BMI hat relativ weite Bereiche für Untergewicht, Normalgewicht und die unterschiedlichen Formen von Übergewicht. Ein BMI von 18,5 bis 25 ist normal, von 25 bis 30 spricht man von Übergewicht und jenseits von 30 von Adipositas (= krankhaftes Übergewicht) in seinen unterschiedlichen Schweregraden (Tabelle).

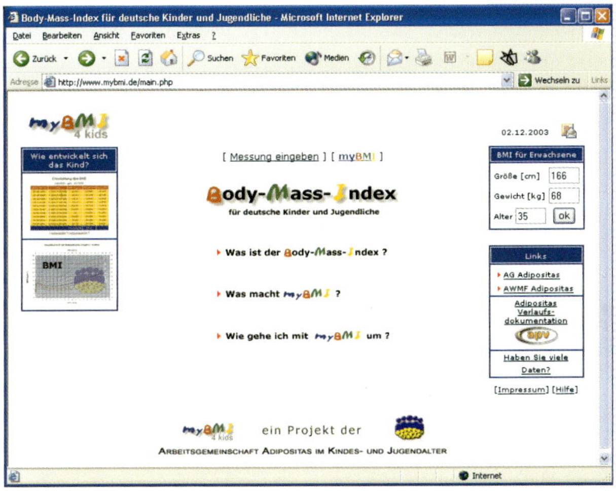

Unter ww.mybmi.de können Sie den BMI von Erwachsenen und Kindern berechnen und bewerten lassen

Im Internet kann man auf der Seite www.mybmi.de übrigens seinen eigenen BMI ausrechnen lassen. Diese Seite der Arbeitsgemeinschaft Adipositas im Kindesalter erlaubt auch, den BMI für Kinder zu berechnen und einzuordnen.

Wer muss abnehmen, wer nicht?

Menschen mit einem BMI bis 25 müssen – zumindest aus medizinischer Sicht – nicht abnehmen. Sie haben Normalgewicht und sollten vor allem darauf achten, ihr Gewicht zu halten und nicht zuzunehmen. Liegt der BMI zwischen 25 und 30 (Übergewicht), so steht auch hier zunächst das Halten des Gewichts im Vordergrund. Wenn bereits Begleiterkrankungen des Übergewichts vorliegen, die durch eine Gewichtsabnahme gebessert werden können, sollten Menschen in dieser Gewichtskategorie abnehmen. Aber auch dann, wenn sie sich durch das Übergewicht nicht wohl fühlen (sog. psychosozialer Leidensdruck). Liegt der BMI allerdings über 30, dann ist das Risiko für viele Begleiterkrankungen (z.B. Diabetes Typ 2, Gelenkbeschwerden) so hoch, dass eine Gewichtsabnahme generell empfohlen wird.

Häufige Fragen zur Gute-Laune-Diät (FAQ)

Welchen Einfluss hat die Vererbung auf das Gewicht?

Am Ende des 2. Weltkriegs gab es in Deutschland praktisch keine übergewichtigen Menschen. Die Gene und damit die Veranlagung zu Übergewicht haben sich in den letzten 55 Jahren nicht geändert. Dennoch sind die Menschen heute dicker denn je! Das Problem Übergewicht muss also etwas mit unseren heutigen Lebensbedingungen zu tun haben. Ganz klar: Fettreiches Essen im Überfluss und viel weniger körperliche Aktivität sind die Ursachen. Wer etwas ändern will, packt das Problem am besten von beiden Seiten gleichzeitig an. Eines aber geben die Gene doch mit auf den Weg: den Spielraum jedes Menschen, sein Gewicht zu beeinflussen. Stark Übergewichtige („Adipöse") haben weniger Spielraum als manch Normalgewichtiger. Für einen Menschen mit 140 kg kann es ein großer Erfolg sein, 10 oder 20 kg abzunehmen, selbst wenn er dann noch um einiges von ihrem Normalgewicht entfernt ist.

Isst man von den fettarmen Lebensmitteln nicht viel mehr als von den normalen Sorten?

Wenn man Menschen beliebig von fettarmen Lebensmitteln essen lässt, dann essen sie tatsächlich etwas mehr von diesen Lebensmitteln als vorher. Weil sie aber gleichzeitig durch die fettarmen Lebensmittel Energie einsparen, nehmen sie unterm Strich weniger Energie zu sich. Ein Beispiel: Wer statt 100 Gramm Weichkäse mit 60 % Fett i. Tr. (= 380 Kalorien) 125 g fettarmen Weichkäse mit 30 % Fett i. Tr. (= 268 Kalorien) isst, spart trotz größerer Menge 30 % Kalorien ein. Fettarme Lebensmittel machen pro Kalorie besser satt als fettreiche. Daher essen die Menschen – wenn überhaupt – nur geringfügig mehr und nicht die doppelte oder dreifache Menge.

Macht es einen Unterschied, welches Fett ich esse: gesättigtes, einfach ungesättigtes oder mehrfach ungesättigtes?

Für Übergewicht ist es zunächst unerheblich, ob die Fettsäuren aus dem verspeisten Fett gesättigt, einfach ungesättigt oder mehrfach ungesättigt sind. Ungesättigte Fettsäuren aus pflanzlichen Lebensmitteln und Seefischen sind aber günstiger für das Herz-Kreislaufsystem als gesättigte Fettsäuren aus Lebensmitteln tierischen Ursprungs oder aus gehärteten pflanzlichen Fetten. Studien an der Universität Göttingen haben gezeigt, dass Versuchsteilnehmer besonders viel (weniger erwünschte) gesättigte Fettsäuren einsparen, wenn sie beginnen, generell fettärmer zu essen. Insbesondere bei Wurst, Käse und Milchprodukten werden durch fettärmere Auswahl quasi automatisch viel gesättigte Fettsäuren eingespart. Darum macht es wenig Sinn, durch eine Unterscheidung von unterschiedlichen Sättigungsstufen die Gute-Laune-Diät unnötig kompliziert zu machen.

Passt Fastfood langfristig zur Gute-Laune-Diät?

Trend ist, dass auch die Menschen in Deutschland immer öfter Fastfood verspeisen. Richtig ist, dass Fastfood oft sehr fettreich und eher nicht figurfreundlich ist. Falsch ist jedoch, dass man darauf daher komplett verzichten muss. Das würde auch den Tipps der 8. Woche widersprechen. Wer selten Fastfood verspeist, kann wählen, was er möchte. Wer hingegen mehrmals in der Woche oder gar täglich schnelles Essen bevorzugt, der muss klug auswählen, um nicht die gesamte Energie für den Tag allein durch ein einziges Fastfood-Menü zu verspeisen.

Ich esse gerne und oft Fastfood, was soll ich wählen?

Nur Menüs in der normalen Größe wählen (nicht mega, large, XXL, big etc.), Burger mit roter Sauce statt Majo-Sauce bevorzugen, bei Pommes nur eine kleine Portion wählen, Pizza mit Schinken oder Gemüse bevorzugen ... Viel mehr Tipps stehen in einem eigenen Fastfood-Führer: **Fettfalle Fastfood – finden Sie die fettarmen Alternativen.** Das Buch zeigt die figurfreundlichen Alternativen, damit Fastfood nicht zum Fettfood wird. Schauen sie am besten unter **Lesetipps**, dort finden Sie alle Details zu **Fettfalle Fastfood**.

Wo gibt es weitere Tipps zum richtigen Einkauf?

Das Buch **Fettfalle Supermarkt – finden Sie die fettarmen Alternativen** ist ein kompletter Einkaufsführer für den Supermarkt. Regal für Regal werden die schlanken Alternativen mit vielen Bildbeispielen vorgestellt. Mehr über **Fettfalle Supermarkt** steht in **Lesetipps**.

Dürfen auch übergewichtige Kinder die Gute-Laune-Diät machen?

Die Gute-Laune-Diät ist zwar weder mit Kindern noch Jugendlichen überprüft worden, aber die Diätpläne der ersten 28 Tage und alle Tipps und Tricks zum Gewichthalten sind auch für ältere Kinder (ab etwa 13 Jahren) und Jugendliche im Prinzip geeignet. In vielen Fällen jedoch ist eine Diät nach Plan (= die ersten 28 Tage der Gute-

Laune-Diät) bei Kindern und Jugendlichen zu starr. Dagegen sind die Tipps und Tricks zum Gewichthalten hervorragend auf die ganze Familie zu übertragen.

Ich kenne ein übergewichtiges Kind von 8-12 Jahren. Soll ich die Gute-Laune-Diät empfehlen?

Nein, denn für Kinder dieser Altersgruppe gibt es bedürfnisgerechtere Ansätze als das „Erwachsenenkonzept" Gute-Laune-Diät. Sind Kinder übergewichtig, so liegt dies oft an fehlender Bewegung, aber auch an zu viel Fett im Essen. Genau an dieser Stelle setzt ein Trainingsprogramm speziell für übergewichtige Kids von 8 bis 12 Jahren an: **Das PowerKids-Programm**. Hier läuft alles ohne Diätpläne und starre Vorschriften. Kinder und Eltern spielen das Programm 12 Wochen lang zu Hause. Mehr Information zum Programm gibt es unter www.powerkids.de und unter **Lesetipps**.

Was kann ich machen, um mehr abzunehmen?

Wer stark übergewichtig („adipös") ist und aus medizinischen Gründen viel abnehmen muss, kann zusätzlich auch von Medikamenten zur Gewichtsabnahme oder standardisierten Trinkdiäten (sog. Formula-Diäten) profitieren, die im Rahmen professioneller Therapieprogramme in Arztpraxen oder spezialisierten Therapiezentren (mit medizinischer, diätetischer, psychologischer und bewegungstherapeutischer Behandlung) eingesetzt werden. Solche Programme dauern mindestens 6, besser 12 Monate oder mehr.

Einkaufsliste

1. WOCHE

Brot, Brötchen, Gebäck, Süßes
- Baguettebrötchen, 1 Stück
- Vollkorn- od. Mehrkornbrötchen, 4 Stück
- Vollkorn- od. Mehrkornbrot, 1/2 Stück
- Früchte-Müsliriegel 1 Stück á 25g, max. 3,5% Fett, wie z. B. Cranberry
- Schaumzuckerwaffeln, 1 Stück á 30g, fettfrei od. Schaumzuckerwaren wie z.B. Marshmallows, süßer Speck, weiße Mäuse
- Riegel Schokolade 2 Stück á 20g, wie z.B. Schokoladen-Ei, Haselnussschnitte, Schokoriegel mit Milchfüllung
- Buchstabenkekse, 1 Tüte á 100g

Milch- und Milchprodukte, Käse
- Milch (1,5% Fett), 1 Liter
- Dickmilch (1,5% Fett), 1 Becher á 500g
- saure Sahne (10% Fett), 1 Becher á 150g
- Frischkäse (max. 17% Fett absolut), 1 Packung á 200g
- Kräuterquark (max. 40% Fett i.Tr.), 1 Packung á 200g
- Käse im Stück (30% Fett i. Tr.), 100g, z.B. Westlite, Gouda, Cantenaar
- Milchreis (3–3,5% Fett), 1 Becher nach Wahl á 200g

Fleisch, Fisch, Eier
- Kochschinken od. roher Schinken ohne Fettrand, 5 Scheiben á 30g
- Kasselerbraten am Stück, 60g
- Putenbrust frisch od. TK, 125g
- Rinderfilet od. Schweinefilet, 100g
- Hähnchen-Brustfilet frisch od. TK, 125g
- Fischfilet frisch oder TK (Seelachs, Rotbarsch, Kabeljau), 15g
- Hühnerei, 1 Stück

Obst und Gemüse
- Äpfel, 3 Stück
- Birne, 2 Stück
- Erdbeeren od. Beerenobst nach Wahl, frisch od. TK, 500g
- Kiwi, 2 Stück
- Tomaten, 5 Stück
- Fenchelknolle, 1 große
- Kopfsalat, 1 Stück
- Möhre, 1 Stück
- Paprikaschote gelb, 1 Stück
- Paprikaschoten rot, 3 Stück
- Porree, 1 Stange
- Rettich, 1 Stück
- Radieschen, 1 Bund
- Salatgurke, 1 Stück
- Rosenkohl frisch od. TK, 150g
- Zucchini, 1 Stück
- Erbsen TK, (500g)
- Gemüsemischung TK, (250g)
- Kichererbsen, 1 Dose (Abtropfgewicht ca. 265g)
- Mais, 1 Dose (Abtropfgewicht ca. 285g)
- geschälte Tomaten, 1 Dose (Abtropfgewicht ca. 480g)

Beachten Sie auch die Lebensmittel in der Vorratsliste auf der Seite 8 und 9

Einkaufsliste

2. WOCHE

Brot, Brötchen, Gebäck, Süßes

- 1/2 Vollkorn- od. Mehrkornbrot
- Vollkorntoast, 1 Packung
- Rosinenbrötchen, 1 Stück
- Riegel Schokolade 1 Stück á 20g, wie z.B. Schokoladen-Ei, Haselnussschnitte, Schokoriegel mit Milchfüllung
- Fruchtgummi, Lakritze od. Weingummi, 1 Tüte á 200g

Milch- und Milchprodukte, Käse

- Buttermilch, 500ml
- Milch (1,5% Fett), 1 Liter
- Fruchtjoghurt (0,1–1,5% Fett), 1 Becher á 150–200g
- Naturjoghurt (1,5% Fett), 1 Becher á 150g
- Magerquark, 1 Packung á 250g
- Fruchtquarkspeise (1,5–3,5% Fett), 1 Becher á 150–200g
- Käse im Stück (30% Fett i. Tr.), 100g

Fleisch, Fisch, Eier

- Rinderhackfleisch, 200g
- Geflügelwürstchen (15% Fett), 2 Stück á 50g
- Putenbrust frisch od. TK, 250g
- Fischfilet frisch oder TK (Seelachs, Rotbarsch, Kabeljau), 150g
- 1 Hühnerei

Obst und Gemüse

- Äpfel, 3 Stück
- Birnen, 1 Stück
- Feldsalat, 300g
- Gemüsezwiebel, 1 Stück
- Kohlrabi, 1 Stück
- Möhre, 2 Stück
- Radieschen, 1 Bund
- Tomaten, 3 Stück
- Thymian frisch, ca. 2 Zweige
- Kresse, 1 Beet

Das benötigen sie zusätzlich

- Rahmspinat TK, 200g
- Obstmischung TK, od. Beerenobst nach Wahl, 300g
- Rote Johannisbeeren, frisch od. TK, 300g
- Erbsen grün, 1 Dose (Abtropfgewicht ca. 280g)
- weiße Bohnen, 1 Dose (Abtropfgewicht ca. 530g)
- Fruchtcocktail, 1 Dose (Abtropfgewicht ca. 250g)
- Thunfisch im eigenen Saft mit Gemüse, 1 Dose (Abtropfgewicht ca. 70g)
- geschälte Tomaten, 1 Dose (Abtropfgewicht ca. 480g)
- passierte Tomaten, 1 Dose/Packung á 500g
- Gewürzgurken od. Cornichons, 1 Glas
- Kartoffel-Püree, 1 Fertigpackung. á 2 Port.
- Trockenobst gemischt, 1 Tüte á 200g
- Grüne Oliven, 1 Glas
- Rote Grütze Fertigprodukt, 1 Becher á 500g

Beachten Sie auch die Lebensmittel in der Vorratsliste auf der Seite 8 und 9

Einkaufsliste

3. WOCHE

Brot, Brötchen, Gebäck, Süßes
- Vollkorn- od. Mehrkornbrötchen, 3 Stück
- Rosinenbrötchen, 1 Stück
- Obstkuchen aus Hefeteig, 2 Stück nach Wahl, wie z.B. Rhabarber, Pflaume, Erdbeere
- Früchte-Müsliriegel 1 Stück á 25g, max. 3,5% Fett, wie z.B. Cranberry
- Buchstabenkekse, 1 Tüte á 100g

Milch- und Milchprodukte, Käse
- Dickmilch (1,5% Fett), 600g
- Hüttenkäse (5% Fett), 1 Becher á 200g
- Kräuterquark (40% Fett i.Tr.), 1 Packung á 200g
- Milch (1,5% Fett), 1/2 Liter
- Naturjoghurt (1,5% Fett), 1 Becher á 150g
- saure Sahne (10% Fett), 1 Becher á 150g
- Käse im Stück (30% Fett i.Tr.), 60g, z.B. Gouda, Westlite, Cantenaar
- Schmelzkäse (max. 30% Fett i.Tr.), 1 Ecke á 30g, z.B. Kräutergeschmack

Fleisch, Fisch, Eier
- Hühnerbrustfilet frisch od. TK, 125g
- Hühnereier, 2 Stück
- Geräucherte Lachs, 2 Scheiben (ca. 75g)
- Putenbrust frisch od. TK, 125g
- Schweineschnitzel, 100g
- Geflügelwürstchen, 1 Stück á 50g

Obst und Gemüse + Kräuter
- Äpfel, 4 Stück
- Birnen, 2 Stück
- Brokkoli, 1 Stück á 500g
- Champignons, braun od. weiß, 100g
- Feldsalat, 100g
- Frühlingszwiebeln, 3 Stück
- Gemüsezwiebel, 1 Stück klein
- Kohlrabi, 2 Stück
- Möhren, 4 Stück
- Paprikaschote rot, 2 Stück
- Paprikaschote gelb, 1 Stück
- Porree, 1 Stange
- Salatgurke, 1 Stück
- Sherrytomaten, 1 Packung á 250g
- Tomaten, 3 Stück
- Zucchini, 1 Stück
- 1 Bund Blattpetersilie
- Kresse, 1 Beet

Das benötigen Sie zusätzlich
- Fertig-Vanillesoße (3,5% Fett), 1 Packung á 250g od. Vanillesoße ohne Kochen für 250 ml Milch (1,5%–3,5% Fett), 1 Päckchen
- Sauerkraut, 1 Dose (Abtropfgewicht ca. 285g)
- Süß- od. Sauerkirschen, 1 Glas á 250g
- Erbsen und Möhren, 1 kleine Dose (Abtropfgewicht ca. 140g)

Beachten Sie auch die Lebensmittel in der Vorratsliste auf der Seite 8 und 9

Einkaufslisten

4. WOCHE

Brot, Brötchen, Gebäck, Süßes

- Vollkorn- od. Mehrkornbrötchen, 2 Stück
- Obstkuchen aus Hefeteig, 1 Stück nach Wahl, z.B. Rhabarber, Pflaume od. Erdbeere
- Früchte-Müsliriegel 1 Stück á 25g, max. 3,5 % Fett, wie z.B. Cranberry
- Schaumzuckerwaffeln, 3 Stück á 30g od. Schaumzuckerwaren 90g, wie z.B. Marshmallow, süßer Speck, weiße Mäuse
- Riegel Schokolade 2 Stück á 20g, wie z.B. Schokoladen-Ei, Haselnussschnitte

Milch- und Milchprodukte, Käse

- Naturjoghurt (3,5% Fett), 2 Becher á 150g
- Käse im Stück (30% Fett i. Tr.), 70g z.B. Gouda, Westlite, Cantenaar
- Milch (1,5% Fett), 1/2 Liter
- Milchreis (3–3,5% Fett), 1 Becher nach Wahl á 200g
- Dickmilch (1,5% Fett), 150g

Fleisch, Fisch, Eier

- Rinderhackfleisch, 80g
- gekochter Schinken oder Lachsschinken, 60g
- Putenbrustaufschnitt, 3 Scheiben, 90g
- Scholle frisch küchenfertig, 1 Stück á 150g
- Hühnereier, 2 Stück

Obst und Gemüse

- Äpfel, 3 Stück
- Birne, 1 Stück
- Kiwi, 1 Stück
- Champignons, braun od. weiß, 200g
- Eisbergsalat, 1 kleiner Kopf
- Feldsalat, 150g
- Gemüsezwiebel, 1 Stück
- Gewürzgurken, 5 Stück
- Kohlrabi, 2 Stück
- Radieschen, 1 Bund
- Salatgurke, 1 Stück
- Sherrytomaten, ca. 10 Stück
- Spargel, 1 kg
- Spitzkohl, 1 kleiner Kopf
- Tomaten, 2 Stück

Das benötigen Sie zusätzlich

- Hartweizen-Grieß, 1 Packung
- Geröstete Zwiebeln, 1 Becher
- Salatcreme od. Mayonnaise 15% Fett, 1 Glas á 250g
- Pizza Margarita TK 5% Fett, 1 Stück á 300g
- Pommes Frites TK (3–5% Fett), 1 Packung klein
- Zuckermais, 1 kl. Dose (Abtropfgewicht ca. 130g)

Beachten Sie auch die Lebensmittel in der Vorratsliste auf der Seite 8 und 9

Nährstoffberechnung

In der folgenden Tabelle sind die wichtigsten Nährstoffe in den 28 Tagesplänen mit Hilfe eines Computerprogramms berechnet. Es gibt jedoch bei natürlichen Lebensmitteln oft Abweichungen von den Standardwerten, mit denen der Computer rechnet. Die Nährstoffdaten sind mit der Empfehlung der Deutschen Gesellschaft für Ernährung für eine Diät mit 1.200 kcal pro Tag verglichen worden (zweite Spalte). Die theoretische prozentuale Nährstoffdeckung wurde berechnet (vierte Spalte). Die prozentuale Nährstoffdeckung ist für eine Diät mit etwa 1.200 kcal am Tag sehr gut. Die hohe Calciumvorgabe kann durch Verwendung eines Calcium-reichen Mineralwassers erreicht werden (siehe Woche 6 – Tipp 10).

Grundlage: Bundeslebensmittelschlüssel (BLS) II.3, DGE-PC professionell 2.8

Nährstoff	DGE-Empfehlung pro Tag	Gute-Laune-Diät pro Tag	Durchschnittlich erreichter DGE-Referenzwerte in %
Energie	*1.200 kcal*	*1.246 kcal*	*104*
Fett	*34 g*	*33 g*	*96*
Kohlenhydrate	*177 g*	*173 g*	*98*
Eiweiß	*44,2 g*	*59 g*	*132*
Monosaccharide	–	*34,6 g*	–
Disaccharide	–	*49,8 g*	–
Saccharose	–	*40,9 g*	–
Vitamin A	*800 µg*	*1,4 mg*	*169*
ß-Carotin	*4 mg*	*6,7 mg*	*167*
Vitamin B1	*1 mg*	*1,1 mg*	*107*
Vitamin B2	*1,2 mg*	*1,3 mg*	*107*
Vitamin B6	*1,2 mg*	*1,8 mg*	*149*
Vitamin B12	*3 µg*	*2,6 µg*	*87*
Vitamin C	*100 mg*	*228 mg*	*228*
*Vitamin D**	*5 µg*	*1,7 µg*	*34*
Vitamin E	*12 mg*	*11 mg*	*91*
*Natrium***	*2 g*	*2,2 g*	*110*
Kalium	*3 g*	*3,1 g*	*104*
*Calcium****	*1 g*	*0,7 g*	*70*
Magnesium	*300 mg*	*307 mg*	*102*
Eisen	*15 mg*	*12,5 mg*	*83*
Folsäure	*5,6 mg*	*3,1 mg*	*78*
Zink	*7 mg*	*8,1 mg*	*116*
Cholesterin	*100 mg*	*154 mg*	*154*
Ballaststoffe	*30 g*	*27,6 g*	*92*

** Vitamin D: Aufnahme nach BLS II.3 zur Bewertung der Nährstoffaufnahme nicht geeignet (Sonnenbestrahlung und andere Faktoren fehlen).*

*** Natrium: Jodsalz und Kräuter sind in der Berechung der Nährstoffe nicht berücksichtig worden.*

**** Calcium: Vorgabe ist durch die zusätzliche Aufnahme von täglich ca. 1 Liter Calcium-reichen (ca. 300 mg/l) Mineralwassers gedeckt.*

– Keine genauen Referenzwerte vorgegeben.

Lesetipps

Fettfalle Fastfood – Finden Sie die fettarmen Alternativen. Von Dr. med. Thomas Ellrott und Birgit Ellrott. Umschau 2001

Damit schnelles Essen nicht zur Gefahr für die Figur wird. Ihr Führer durch den Fastfood-Dschungel. Fettfalle Fastfood zeigt bei den beliebtesten Fastfood-Ketten, was Sie am besten bestellen sollten.

Fettfalle Supermarkt – Finden Sie die fettarmen Alternativen. Von Dr. med. Thomas Ellrott und Birgit Ellrott. 2. Auflage. Umschau 2004

Ihr bebilderter Einkaufsführer für den Supermarkt. Regal für Regal bekommen Sie die besten Tipps für den fettarmen Einkauf. Passt perfekt zum Gewichthalten mit der Gute-Laune-Diät.

Kalorien mundgerecht. 12. Auflage, Umschau-Buchverlag 2003

Fett- und Nährwertgehalte für viele Tausend Lebensmittel mit Handelsnamen! Das Standardwerk zum Nachschlagen.

So kriegst Du Dein Fett weg. Fettarm kochen mit Ewald Braden. Hampp Verlag 2003

Der Gourmet-Koch Ewald Braden aus Baden-Württemberg hat viele Rezepte überprüft und Fett nur da gespart, wo es für den Geschmack nicht notwendig war. Das Resultat: Man merkt bei seinen Rezepten nicht einmal, dass sie weniger Fett enthalten.

Die 100 besten Snacks. Von Dr. med. Thomas Ellrott und Birgit Ellrott. Umschau 2004

Heute schon gut gesnackt? Lernen Sie die 100 besten Snacks mit Vor- und Nachteilen kennen. Mit Informationen zur glykämischen Ladung (Glyx).

Das PowerKids-Programm von der Stiftung Kindergesundheit in München. Entwickelt von der Universität Göttingen in Zusammenarbeit mit der Universität München und London.

Ein spielerisches Programm für übergewichtige Kinder von 8–12 Jahren zur Selbstdurchführung zuhause. Bei über 30.000 Familien bereits erfolgreich im Einsatz. Bezug über den AOK-Verlag bzw. die Internetseite www.powerkids.de.

Endlich frei von Diäten! Wie Sie dem Teufelskreis der Schlankheitskuren entkommen. Von Prof. Dr. Volker Pudel. Knaur 2003

Das spannend geschriebene Programm zum langfristigen Wohlfühlgewicht ohne Frust von Deutschlands bekanntesten Ernährungspsychologen Volker Pudel.

Ganz schön propper. Ratgeber für Eltern übergewichtiger Kinder. Von Monika Cremer. Umschau 2002

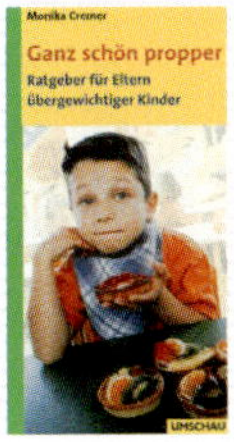

Viele Hintergrundinfos für Eltern übergewichtiger Kinder über das, was man selbst tun kann, bis hin zu professionellen Therapieangeboten.

Wissenschaftliche Beiträge zur Gute-Laune-Diät

Borchardt A, Ellrott T, Wolf K, Pudel V: Genussbetonte „Diät", Befindlichkeit und Gewichtsreduktion. Erschienen in: Aktuelle Ernährungsmedizin 2002, 27, 325–326

Borchardt A, Ellrott T, Wolf K, Pudel V: Änderung psychologischer Determinanten des Essverhaltens während genussbetonter Diät. Erschienen in: Proceedings of the German Nutrition Society 2003, 5, 61

Ellrott T, Borchardt A, Wolf K, Pudel V: Gewichtsstabilisierung nach 8-wöchiger genussbetonter Diät zur Selbstdurchführung – Charakterisierung der erfolgreichen Teilnehmer. Erschienen in: Aktuelle Ernährungsmedizin 2003, 28, 317–318

Ellrott T, Borchardt A, Wolf K, Pudel V: Eine genussbetonte Diät führt innerhalb 8 Wochen zur Verbesserung der Lebensqualität. Erschienen in: Proceedings of the German Nutrition Society 2004 im Druck

Impressum

Wir danken der CMA für die Unterstützung.

Bildmaterial
CMA Centrale Marketing-Gesellschaft der deutschen Agrarwirtschaft mbH, Bonn
Birgit Ellrott
posi.tiff Dienstleistungen GmbH
PhotoCase

Gestaltung, Satz, Reproduktion
posi.tiff Dienstleistungen GmbH, Frankfurt am Main

Druck und Verarbeitung
Mediaprint, Paderborn

Printed in Germany
ISBN 3-86528-100-1

Besuchen Sie uns im Internet
www.umschau-buchverlag.de